LA VIOLENCE CONJUGALE, CE SONT AUSSI DES MOTS !

Dans la même collection
Le Livre de l'Ikigai, Bettina Lemke, janvier 2018
Le Pouvoir du Nunchi, Euny Hong, septembre 2019
Kaizen, Sarah Harvey, janvier 2020

Collection New Life dirigée par Valérie de Sahb
Graphisme de couverture et mise en pages : Jef Cortes
Lecture et correction : Alice Yonnet-Droux

34-36, rue La Pérouse, 75116 Paris
www.hugoetcie.fr

ISBN : 9 782 755 644 739
Dépôt légal : mars 2020
N° d'imprimeur : 20020004
Imprimé en France par Corlet

JACQUES et VALERIA
Salomé

LA VIOLENCE CONJUGALE, CE SONT AUSSI DES MOTS !

Décrypter les paroles toxiques qui sabotent les relations de couple

Hugo New Life

« Il y a en chacun de nous les mots de la Vie
et les mots de l'Amour.
Ils naviguent en aveugles à la recherche d'une île.
Les uns sur les flots et les tempêtes du besoin de survivre,
les autres dans les méandres du désir ou les dérives.
Si les mots de la Vie sont la chair de l'existence,
les mots de l'Amour en sont la sève fertile. »

EN PRÉAMBULE…

Oui, pourquoi faut-il toujours se battre pour avoir la paix ?

Nous ne sommes pas des êtres de paix. La paix ne germe pas en nous spontanément ou librement, car notre histoire personnelle, comme notre histoire collective, est traversée de nombreuses contradictions, de beaucoup de conflits et de subtils ou violents combats tant pour survivre que pour avoir plus, imposer nos idées ou nos croyances ou encore résister à l'injustice, à l'intolérance ou à la violence.

Apprendre à faire la paix en soi, avant de pouvoir la faire avec autrui, suppose en premier de pouvoir se réconcilier avec son enfance, de procéder à un « nettoyage de la tuyauterie relationnelle intime », d'effectuer tout un travail de clarification et de conscientisation avec les personnes significatives de notre vie. Tout ceci pour pouvoir apprendre à s'aimer, non pas d'un amour narcissique, mais d'un amour de bienveillance et de respect débouchant sur l'estime de soi et de l'autre.

Si nous considérons que l'amour, la tolérance et le respect de la vie peuvent constituer des antidotes à la violence, nous pouvons imaginer qu'il appartient à chacun de commencer à s'aimer pour se construire avec suffisamment d'autonomie affective, relationnelle et de liberté d'être.

Il convient pour ce faire d'aller au-delà de quelques interrogations sur notre développement affectif et social et d'envisager différentes démarches. Comme
une réécoute, une remise en cause de l'éducation que nous avons reçue. D'oser démystifier le système antirelationnel dans lequel nous vivons et qui s'est inscrit profondément en nous, car transmis par les générations qui nous ont précédés. De renoncer à quelques autosaboteurs tenaces (comportements et conduites qui nous entraînent à faire

exactement ce que nous ne voulons pas!) qui jalonnent notre existence. Entreprendre de proposer des relations en réciprocité et donc de nous positionner par la confirmation (ni soumission, ni opposition), la confrontation (ni affrontement, ni rejet) et l'affirmation (ni disqualification, ni manipulation).

S'appuyer sur quelques règles d'hygiène relationnelle accessibles à chacun et surtout transmissibles (comme le sont celles proposées par la méthode ESPERE®) qui seront autant de balises pour construire des relations sans violence tout d'abord avec soi-même (réduction de l'autoviolence) et avec autrui (ouverture à la réciprocité et à l'inter influence) sans qu'il soit nécessaire d'entretenir des relations dominant-dominé.

Faire la paix, avec soi-même et autour de soi, n'est pas un chemin facile, mais le parcours offre l'occasion de belles découvertes et de rencontres étonnantes.

S'il m'arrive encore de m'égarer et de tempêter ou de m'indigner contre mes semblables, cela me permet aussi de me reconnaître en eux.

Jacques Salomé

PORTRAIT SUCCINCT DE LA VIOLENCE

Il y a actuellement quelques dizaines de milliers
d'espèces végétales et animales
qui disparaissent chaque année.
Parce que l'homme, redoutable prédateur,
ne leur laisse plus d'espace pour vivre…
Peut-être aussi par manque d'amour !

À propos de la violence

LA VIOLENCE EST UN FLÉAU UNIVERSEL, elle circule partout plus ou moins voilée, dans les familles, à l'école, dans la rue, au travail et dans certains pays de façon massive et terrifiante, dans toutes les strates de l'existence. Elle peut circuler de façon visible, individuelle ou collectivement organisée ou de façon plus subtile, invisible, souterraine, plus intime et improvisée, mais c'est toujours au détriment de l'équilibre, de l'adaptation, de l'insertion, de la sécurité, de la santé et du bien-être des enfants et des ex-enfants que sont les adultes.

Dans le monde, la violence figure parmi les principales causes de décès entre 15 et 44 ans.

Que ce soit au Nord ou au Sud, dans les pays dits sous-développés ou dans les pays du G7, nous vivons dans un univers où il est devenu banal de côtoyer la violence au quotidien. Que ce soit directement ou indirectement, nous sommes sans cesse confrontés à elle. Que nous soyons adultes ou enfants, nous avons rencontré la violence, soit à partir d'un vécu personnel, soit au travers de faits divers proches ou lointains, de statistiques, de témoignages ou de reportages, qui ne manquent pas de nous rappeler que la violence est omniprésente, parfois même toute-puissante. De par le monde nous arrivent de multiples informations sur les guerres, les tortures, les violences raciales ou religieuses qui viennent s'ajouter aux violences plus proches, plus banales peut-être, moins effrayantes telles les incivilités petites ou grandes, ou les agressions urbaines, et à d'autres plus traumatisantes comme les viols, les vols, les dégradations, les transgressions dans tous les domaines, bref le pain quotidien de l'enfant, de l'honnête femme ou de l'honnête homme d'aujourd'hui.

Comme elle semble aujourd'hui encore plus présente, du fait de la circulation en temps réel de l'information, elle apparaît à beaucoup comme inévitable, inéluctable à la condition humaine. Pendant longtemps les réponses des individus à la violence furent du même ordre (œil pour l'œil, dent pour dent, loi du plus fort), celles de la société furent de la sanctionner, d'en limiter les débordements, de tenter de la prévenir. La socialisation ne supprimera pas l'agressivité individuelle. Au contraire, l'agressivité de tout un groupe à l'égard d'un autre est plus élevée que celle d'un individu à l'égard d'un autre. N'oublions pas que lorsqu'il est en groupe, l'homme a beaucoup de difficulté à être lui-même !

La société d'aujourd'hui est en souffrance, elle est fragile, vulnérable, sensible à des explosions de violence, à des processus d'autodestruction. Elle est à la recherche de valeurs. On en a perçu les conséquences, on en a recherché les causes, on a analysé les conditions favorisantes ; mais il me semble qu'il y a eu un grand silence et peu de moyens mis en œuvre pour mieux saisir l'origine de la violence humaine, comprendre sa source pour accompagner davantage les victimes en souffrance et, pourquoi pas, les auteurs de la violence.

Au-delà du fait que l'homme a toujours été considéré comme un prédateur, par ses origines, depuis quelques années nous sommes concernés par une violence nouvelle, globale, universelle, qui s'observe à la rencontre de plusieurs phénomènes :

- un déplacement, une décentration, me semble-t-il, des pathologies individuelles. Du temps de Sigmund Freud les pathologies étaient surtout retournées contre soi-même (phobie, dépression, inhibition, impuissance...), aujourd'hui les pathologies semblent être plus tournées vers l'extérieur, vers autrui (agression, perversité, terrorisme relationnel, violences conjugales et sociales) ;

- une accélération ainsi qu'une sophistication de la violence. L'ère de la nouvelle technologie permet et incite à des techniques de la violence (la manipulation informatique, l'intrusion dans l'intimité, l'accès à des armes, etc.) ;

- une augmentation galopante de l'incommunication. Dans le système social existant, une classe de nouveaux pauvres est en train de se répandre : les affamés de l'échange, les sous-alimentés du partage, les déshérités de la convivialité... les pauvres de la communication.

Il faut comprendre la violence comme étant un langage multidirectionnel, à l'égard de l'entourage proche, de la société ou de soi-même.

Nous pressentons bien que les manifestations de la violence qui s'exprime se ramifient depuis des sources multiples comme l'éducation, la morale, les idéologies, les croyances religieuses et culturelles.

Créée en 1948 avec le but d'améliorer le niveau de santé et les perspectives d'avenir pour les populations du monde, l'Organisation mondiale de la santé a donné comme définition de la violence « *l'utilisation intentionnelle de la force physique, de menace à l'encontre des autres ou de soi-même, contre un groupe ou une communauté, qui entraîne ou risque fortement d'entraîner un traumatisme, des dommages psychologiques, des problèmes de développement ou un décès* ».
Je voudrais étendre cette définition de la violence aux comportements, attitudes, paroles, gestes non intentionnellement malveillants, mais qui par leur impact à un moment donné de l'histoire, du développement, de la vulnérabilité particulière d'une personne vont faire des dégâts redoutables et porter atteinte à l'équilibre intime de cette personne.

Depuis 2012, une campagne mondiale de prévention de la violence est mise en place. Elle se veut présente dans le plus grand nombre de pays pour sensibiliser tout public au problème de la violence. Si pendant longtemps nous avons pu identifier une seule forme de violence, la plus visible, la plus brutale : les agressions physiques, les coups, les explosions..., depuis quelques années nous acceptons d'en distinguer une autre, très différente, cachée, indirecte : le harcèlement, l'endoctrinement, la violence institutionnelle, difficilement identifiable.

À présent, trois grandes catégories de violences sont reconnues :

Violences dirigées contre soi-même : comportements suicidaires, sévices envers son propre corps et automutilations. Cela peut rester de l'ordre de l'intention (tentative de suicide) ou se concrétiser par un passage à l'acte débouchant sur la perte de vie.

Violences interpersonnelles qui peuvent se diviser en deux groupes :

- **violences conjugales ou familiales**, qui touchent à la maltraitance des enfants, du partenaire ou conjoint (et principalement les femmes), ou les proches, les personnes âgées ;
- **violences communautaires**, dans le monde du travail ou la vie sociale, violences entre individus sans lien de parenté. Il s'agit de la violence des jeunes (sur les biens et les personnes), des actes de violence aveugle, du viol, des agressions sexuelles par des inconnus, de la violence en milieu institutionnel (parfois appelée « harcèlement moral » ou « terrorisme relationnel »).

Violences collectives qui peuvent prendre différentes formes, à partir d'enjeux politiques, économiques, religieux ou sociaux. Cela va du conflit armé entre États aux luttes intestines et fratricides à l'intérieur d'un même pays (génocide, répression culturelle ou ethnique, actes de terrorisme et criminalité organisée, mais aussi violation des droits fondamentaux des personnes).

Il conviendrait également d'ajouter une forme plus récente de la violence, qu'il sera possible d'appeler « **violence contre la vivance de la Vie** », s'agissant de toutes ces manipulations génétiques qui sont entreprises sous la pression des grands groupes pharmaceutiques et celles des transgressions scientifiques médicales concernant certaines formes du clonage biologique (incluant la duplication des cellules humaines).

Nous observons avec une grande tristesse et un immense sentiment d'impuissance personnelle l'évolution galopante de ces **violences écologiques** qui portent atteinte à toute vie et à l'équilibre de notre planète, à notre entière relation au cosmos.

L'Organisation mondiale de la santé se sert du modèle écologique pour comprendre le phénomène de la violence. À travers la mise en place d'une écologie globale, il tente de montrer l'extrême complexité et l'interaction de nombreux facteurs biologiques, sociaux, culturels, économiques, politiques qui participent à son surgissement.

Ce modèle de compréhension part de l'individu pour aller vers le sociétal, en passant par la dimension relationnelle et communautaire.

Réflexions sur les origines de la violence

Chaque fois que nous pensons ou parlons « violences » dans la société civile (à l'école, dans la rue, dans la famille ou tout autre lieu de vie) en nous appuyant sur des événements reconnus comme violents par ceux qui les ont vécus directement ou indirectement, nous faisons toujours référence à une violence visible, manifestée, même si elle est parfois cachée ou niée. Il y a une agression verbale, physique ou morale portant préjudice à l'intégrité physique, affective ou psychologique de la personne.

Ces phénomènes aujourd'hui sont bien connus, l'éventail de leur expression va des manifestations d'incivilité (refus d'obéissance, de se conformer à une règle ou à une demande, transgressions diverses dans le monde familial ou social) à des agressions physiques directes, allant jusqu'aux tentatives de destruction, d'élimination d'une personne (ou d'un groupe de personnes) en passant par des agressions verbales, destructions de matériel, dégradations, ou encore par des conduites d'autoviolence (actes autopunitifs, suicides, prise de drogue…).

Ce sont ces manifestations visibles, répétées, touchant aujourd'hui pratiquement tous les milieux sociaux, qui inquiètent les individus et les pouvoirs publics, qui menacent les parents, les enseignants, et suscitent des réactions défensives, entraînent des prises de décision protectrices débouchant parfois sur des mesures dites « sécuritaires » qui ne font en rien évoluer la situation.

On peut s'interroger sur les facteurs sociologiques, culturels ou relationnels qui font qu'une violence endémique parcourt aujourd'hui la plupart des situations sociales.

- **Facteurs liés à l'accélération du temps.** Tout se passe comme si nous avions de moins en moins de temps pour faire « tout ce que nous avons à faire ! » Le stress qui s'ensuit abaisse notre seuil de tolérance à tout ce qui est vécu comme une contrainte non choisie. Le goût de la transgression semble dominer dans notre société. Elle confirme un statut élevé et assure une position respectable dans la hiérarchie des nouvelles valeurs fondées sur l'habileté à manipuler, tricher, contourner la loi, imposer ses désirs.

- **Facteurs économiques.** Leurre et séduction d'une société de consommation, dépossession de l'imaginaire personnel au profit d'un conditionnement « consommatoire » et difficulté à affronter ses désirs et à s'intégrer à une réalité perçue comme trop frustrante ; désarroi à se relier à un univers sans valeurs où un virtuel télévisuel en conserve a remplacé le rêve et rend difficiles les identifications... Il y a une exigence : « Si je paie, j'ai donc des droits, alors qu'on ne m'impose pas des devoirs ! »

- **Facteurs sociologiques.** L'apparition d'une nouvelle catégorie d'individus : les « adultolescents » ou faux adultes. Ces ex-enfants qui ont été élevés dans l'ordre du désir (tout, tout de suite, sans contrepartie), dont le seuil de frustration est tellement bas que toute rencontre avec les exigences et les contraintes banales de la réalité est vécue par eux comme une agression insupportable à laquelle ils répondent par de la violence. Au-delà de la perte des valeurs et des ancrages, de l'absence de références et de modèles, il y a des identifications à des modèles marginaux, transgresseurs ou atypiques. Le héros positif ne pèse pas beaucoup face aux héros porteurs de violence et de perversité.

- **Facteurs spécifiques à la dimension relationnelle.** Le développement des nouvelles technologies a favorisé la rencontre virtuelle au détriment de la rencontre réelle, sans avoir accordé suffisamment d'attention et de vigilance à la dimension relationnelle et donc sociale des besoins de l'être humain. Il s'agit ici de pouvoir répondre aux besoins de communiquer, c'est-à-dire de mettre en commun : pouvoir se dire, être entendu, reconnu, valorisé, disposer d'une sécurité physique et mentale, d'une intimité, pouvoir exercer une influence sur son environnement. Ce manque est aujourd'hui à l'origine de nombreux dérapages avec beaucoup de violence : quand il y a le silence des mots, se réveille alors la violence des maux. Ce qui veut dire qu'on peut frapper autrui, mais surtout soi-même. L'autoviolence est moins médiatisée que la violence, mais elle fait autant de dégâts dans les corps, les esprits et les âmes humaines.

Pour trouver une issue à la violence, nous nous interrogeons en premier lieu : combien sont ceux qui auront le courage de se pencher sur le mal-être qui les habite suite aux gestes, aux actes verbaux, aux multiples menaces culpabilisantes qui leur sont adressés par leurs proches ? Combien témoigneront de la maltraitance qui leur est faite, de l'humiliation qui leur est imposée, de l'emprise toute-puissante qui est exercée sur eux ? Combien sortiront du déni pour laisser entendre en eux les cris de la souffrance ?

Les résistances sont fortes, car chacun d'entre nous, y compris celui qui s'abrite sous le parapluie de la non-violence, est concerné, interpellé dans toutes ses relations. Souvent, pour nous protéger face à la violence à laquelle nous pouvons être exposés indirectement, le déni s'installe comme mécanisme de défense. N'est-ce pas déjà, en soi, une forme de violence que de nier ou de camoufler cette réalité quand elle est trop difficile à admettre ? Aujourd'hui ce déni est présent non seulement chez les victimes, mais chez les professionnels de la défense (juristes, avocats, policiers), de l'accompagnement à la personne (médecins, cadres de la santé, travailleurs sociaux) et de l'éducation (professeurs, éducateurs, tuteurs). Ce déni, c'est celui de toute une société en crise, prise dans le tourbillon d'une lutte économique et financière, affectée par l'espionnage et le chantage, souffrante dans un système antirelationnel qui s'impose par de multiples manifestations à caractère dominant et manipulateur. Nous nous retrouvons démunis face au manque de cohabitation responsable entre les individus.

Le terreau des violences humaines

La violence humaine se présente sous des formes multiples et peut apparaître dans la vie des victimes, quel que soit leur âge. Si les répercussions sont immédiates sur la santé physique et mentale de la personne qui la subit, les conséquences de la violence impactent également tout son développement physique, mental, social et affectif lorsqu'elle est vécue à des stades précoces de l'existence. Nous savons, encore plus aujourd'hui, que les abus vécus durant l'enfance sont souvent précurseurs de victimisation à l'âge adulte, notamment par la violence conjugale.

Chaque être humain quel que soit son milieu d'origine sera le « produit », la résultante d'une alternance (plus ou moins bien dosée) tout au long de son existence (mais surtout au début de sa vie) d'impacts gratifiants ou menaçants, vivifiants ou destructeurs, nourrissants ou frustrants, venant de son entourage immédiat. Nous nous construisons (ou nous détruisons) à partir de la qualité ou des carences de la relation qui nous est donnée par nos parents, par nos proches et par les personnes en lien avec notre histoire. Nous allons bâtir l'essentiel de nos schémas relationnels et de nos conduites à l'égard du monde sur des bases de confiance ou de méfiance, à partir des messages émis, des attitudes et des conduites vécues.

Vont ainsi s'accumuler, en chacun de nous, des blessures, liées à des paroles toxiques, à des comportements disqualifiants, aliénants ou violents qui vont s'inscrire dans notre corps ou notre imaginaire dès les premiers temps de la vie et surtout tout au long de notre enfance et plus tard, dans les périodes de vulnérabilité qui vont jalonner notre existence.

Certaines de ces blessures sont très archaïques, inscrites à l'époque de la gestation (avec la perte d'un alter ego gémellaire, par exemple, une contamination virale intra-utérine, une pollution par une dépendance à l'alcool, à la drogue) ; d'autres sont précoces, au moment de la naissance (avec la séparation, la perte d'un milieu comblant) et dans les premiers mois de la vie (avec la peur de l'abandon ou du rejet, avec l'insécurité d'un tout petit bébé confronté parfois aux réponses aléatoires ou inadaptées de son entourage, avec l'anxiété soulevée par les disputes violentes entre les parents). Il peut y avoir aussi des peurs et des angoisses déposées par un proche, consciemment ou inconsciemment, des conduites ou des croyances imposées qui blessent la sensibilité de celui qui les reçoit.

D'autres blessures encore vont surgir et se déposer précocement dans le décalage vécu comme insupportable entre les attentes de la petite enfance : chaleur, sécurité, soins de base, stimulations sociales, et les réponses plus ou moins adaptées du milieu qui vont colorer et interférer dans les premières relations de l'enfant au monde.

Et puis il peut y avoir des impacts plus violents, qui vont s'inscrire autour de certaines rencontres négativantes, polluantes ou destructrices avec les personnages significatifs de notre histoire, proches ou moins proches, qui vont avoir un effet quelquefois très déstabilisant et laisser des traces durables, chez beaucoup, bien au-delà de l'enfance et de l'adolescence. Construites autour des injustices, des humiliations, de la trahison, de l'abandon, du rejet et du non-amour, ces violences vont créer ce que j'appelle **les blessures de l'ego**. Elles seront majorées par les sentiments d'impuissance et de non-estime de soi qui vont les accompagner.

Plus tard, à l'âge adulte, ces blessures peuvent être restimulées, réveillées, réactivées au quotidien à partir de paroles, de gestes, de comportements ou de conduites parfois très banales ou apparemment peu agressantes, venant d'autrui (souvent de proches) et qui vont ouvrir, tels de véritables boulets de canon, des plaies et des blessures immenses. Tout cela sans commune mesure avec l'élément déclencheur et à la surprise de l'entourage qui ne comprend pas le lien de cause à effet de ce qui se déroule sous ses yeux…

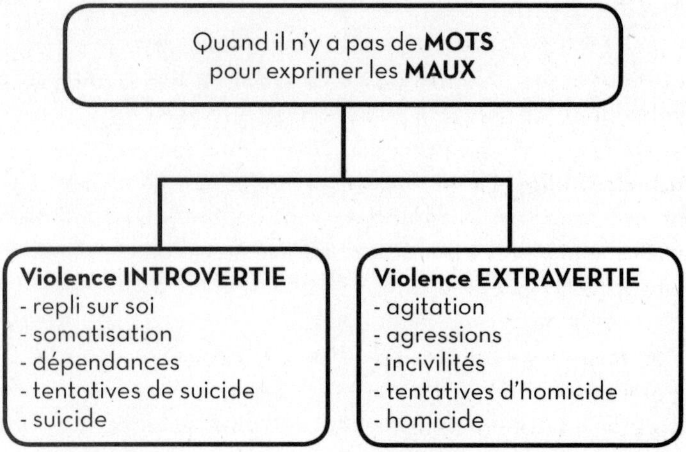

Ces blessures s'inscrivent durablement dans la mémoire du corps, conditionnent des habitudes de vie et des comportements qui vont empoisonner toute une existence, et même parfois se prolonger sur nos descendants au travers de chaînes de répétition. Il ne semble pas possible de supprimer les blessures de notre histoire, mais il est possible de veiller à se protéger pour ne pas les réactiver, éviter de les gratter ou de les réveiller via des relations qui vont se révéler très négatives.

La somme de toutes ces violences, diffusées dans l'intimité des familles, des couples ou dans le cercle plus large des relations professionnelles et sociales, est largement supérieure à toutes les violences spectaculaires qui nous sont montrées dans les mass medias. Même si elles sont moins meurtrières dans l'immédiat, elles tuent à petit feu, empoisonnent la vie et laissent des traces douloureuses sur plusieurs générations...

En parlant de l'origine de la violence, notre réflexion tout au long de cet ouvrage portera sur deux points :

- une tentative de « décodage » des violences invisibles, qui sont pour la plupart des violences non intentionnelles, véhiculées et transmises avec beaucoup de constance et de ténacité dès notre enfance **dans une dynamique relationnelle** par le système familial et éducationnel, et qui vont porter préjudice à l'équilibre intime, à la socialisation en cours d'un enfant et à son intégration et intégrité dans le devenir adulte ;

- la mise en relation d'un lien de causalité entre ces violences invisibles (nommées violences primaires V1) avec les violences plus manifestes (nommées violences secondaires V2), et qui sont seules prises en compte.

Les violences invisibles sont plus masquées, fondues à la fois dans un **système relationnel de type dominant** proposé aux proches, aux enfants, au partenaire dans le couple, aux collègues dans le monde du travail, et dans l'ensemble des **comportements et des conduites éducatives, familiales ou sociales** (V1). Elles constituent en quelque sorte le terreau d'origine, l'humus et le terrain d'élection des comportements visibles, manifestés, perçus comme violents (V2). Ces derniers pouvant à leur tour être un nouveau support pour déclencher des violences justifiées, réclamées (privation de liberté, règlements plus durs, groupes d'autodéfense, répression des pouvoirs publics...) qui s'identifient comme des violences tierces. Ainsi peut s'enchaîner, à un moment donné de la vie sociale d'un ensemble humain, **un**

cycle de violences (primaires, secondaires et tierces) auxquelles tous les protagonistes collaborent…

Il est de notre entière responsabilisation de savoir se positionner, oser témoigner, mettre des mots sur les ressentis et accepter de chercher le soutien auprès d'un tiers afin de ne plus être ni victime ni partie prenante dans le cycle infernal de la violence – peu importent le cadre et l'aspect qu'elle choisit pour se manifester !

Se rappeler que la vie, cadeau précieux à respecter au-delà d'un désir individuel, se vit en solidarité avec tous les humains et plus encore : avec toute forme de vie.

Est-ce que c'est juste, ce que je vis ?

Le juste, qu'il ne faut pas confondre
avec le vrai,
Contient une part d'exigence
qui le fait paraître excessif
Et parfois même injuste.
La démarche qui consiste à témoigner
de ce qui nous paraît juste,
C'est-à-dire en accord avec soi,
avec des valeurs profondes,
A quelque chose de violent
et de déstabilisant.
Comment se garder de cette violence ?
Comment s'affirmer face au désordre
déclenché par le juste,
Quand il témoigne de notre engagement ?
La vérité,
Que personne ne détient
en dehors de celui qui la vit,
N'est pas crédible, bien sûr,
Surtout si elle paraît en avance
Sur les croyances de ceux qui en ont...
une autre.

C'est fou – dit la raison
C'est ainsi – dit l'amour
C'est dangereux – dit la méfiance
Ce n'est que de la souffrance – dit la peur
C'est sans perspective – dit le discernement
C'est humiliant – dit l'orgueil
C'est téméraire – dit la prudence
C'est impossible – dit l'expérience.

E. Fried

Mais ce doit être
important
puisque je le vis !

LA VIOLENCE DANS LE COUPLE

S'il est des rencontres qui s'inventent au jour le jour
pour transformer chaque instant en parcelle d'éternité,
Il est des éternités au vif inventées
qui ne permettent plus aucune rencontre !

Au cours de notre existence, nos vies – amoureuse, professionnelle, sociale, familiale – prennent de multiples chemins, irrigués par nos états d'âme et bâtis sur les fondements de nos relations tissées lors de traversées existentielles. Dans un monde en perpétuelle mutation, dans lequel la hiérarchie de nos propres valeurs se forge comme plus ou moins stable, nos conduites changent, nos besoins évoluent, nos sentiments chevrotent. La vie amoureuse, source de ravissement et de satisfactions, risque elle-même de se heurter à quelques difficultés. Les sentiments, aussi intenses, aussi étonnants soient-ils ne seront pas suffisants pour assurer la survie d'une vie conjugale. C'est la qualité de la relation construite entre les deux partenaires qui va l'emporter.

Comme vous le savez maintenant, tout sentiment amoureux a une durée de vie. Nul ne connaît à l'avance la durée de vie de cet amour. Une femme rencontre un homme et elle l'aime. Elle ne connaît ni la durée ni l'intensité de cet amour qui l'habite. En dépit de toutes les apparences joyeuses, elle ne connaît pas non plus la durée de vie de l'amour de son homme pour elle. Un couple est et restera un creuset de changements et de transformations, incroyablement fécond, mais aussi une aventure pleine de risques, car chacun des partenaires change à un rythme différent, ni en même temps, ni dans la même direction. C'est pour cela que l'aventure amoureuse est le risque le plus redoutable que nous prenons.

Mais pour le prendre, il sera courageux de préciser : « Je t'aime pour ce que tu es aujourd'hui, avec la femme (ou l'homme) que je suis aujourd'hui. Je ne sais pas si je t'aimerai dans dix ans. » Ce sera ainsi plus honorable que de dire : « Je t'aimerai pour toujours ! », ce qui semble être la projection abusive d'un désir d'infini sur un avenir limité par tout ce que la vie a d'imprévisible ! À ce propos, il sera nécessaire d'entreprendre un long chemin d'introspection pour le démystifier. L'amour – il semble être présent en quantité, parsemant ce qui nous entoure, bien que parfois il soit maladroit et, surtout, maltraité. Il y a beaucoup de leurres en amour. Et combien de guerres ?

Cet ouvrage se veut un signal d'alarme sur les maltraitances et les lignes conductrices de la violence, avec une observation plus scrupuleuse sur la violence la plus répandue, celle qui surgit dans l'intimité d'un couple. Pour s'en convaincre, il suffit d'ouvrir n'importe quel journal à la rubrique « Faits-divers » – c'est dans l'intimité que prospère le mieux la violence. On la retrouve sous toutes ses formes : le crime, le suicide, le divorce, l'agression psychique et physique, l'espionnage, l'intimidation... Le combat conjugal est sacrificiel et sans pitié.

Identifier les quelques visages de la violence conjugale

Il s'agit de présenter ce qui se joue, ce qui se vit entre deux êtres qui se sont aimés, qui s'aiment encore, qui ont eu des enfants ensemble, qui ont fait des rêves de vie en se projetant dans la durée, qui ont imaginé pouvoir vieillir ensemble et qui vivent un enfer au quotidien, et cela durant des années.

Enfer alimenté par des composantes pathologiques : il s'agit là de pathologies « relatives » ou « normales » dans le sens où elles affectent des personnes qui sont en général bien insérées dans leur milieu, mais qui restent sensibles à des mouvements récurrents qui les agitent et conditionnent l'essentiel de leurs comportements autour de sentiments de persécution, de jalousie, de méfiance et du besoin de contrôler l'autre, de conflits de pouvoir (qui aura raison sur l'autre ?), par des rapports de force permanents (qui imposera son désir à l'autre, qui mettra l'autre au service de ses attentes ou de sa folie ?), par des demandes impossibles (auxquelles l'autre tente de se soumettre et de répondre en ayant toujours le sentiment qu'il n'en fait pas assez)...

La violence conjugale se montre à nous sous plusieurs visages.

Le plus connu, celui qui fait l'objet des faits-divers à la télévision ou dans les journaux, concerne **la violence physique** qui blesse, meurtrit, tue (rappel à l'affaire Jacqueline Sauvage avec passage à l'acte). Il s'agit d'une atteinte à l'intégrité corporelle. La violence physique comprend tous les actes qui portent directement atteinte à l'intégrité physique de la personne : les bousculades, les coups, les gifles, les brûlures, les tentatives de strangulation et autres actions blessantes.

Il y a également le visage subtil, mais si remarqué dans le quotidien, celui de **la violence morale** à base de chantage (*« Si tu ne me fais pas l'amour, je... »*), de la manipulation des émotions (*« Je t'adore, je t'aime. Excuse-moi, ça ne se reproduira plus jamais... »*), de pressions psychologiques qui jouent sur les peurs (*« Moi, je n'ai rien à perdre, toi tout ! Je vais t'en faire baver, tu vas en crever ! »*), sur les angoisses de l'autre (*« Je t'enlève les enfants si tu... »*), de l'obéissance (*« C'est comme ça, il n'y a plus à discuter, tu es maintenant ma femme ! »*). Ce type de messages qui, à force de faire de petits trous, vont s'inscrire dans l'inconscient pour revenir en mémoire dans les moments de doute. Nous identifions ici **la violence psychologique**, qui se manifeste par toute action (humiliation, dénigrement, dévalorisation, etc.) et qui porte atteinte ou essaie de porter atteinte à l'intégrité psychique ou mentale de l'autre.

Si l'on fait référence à l'intégrité touchée, il y a plus souvent qu'on ne le croit de **la violence sexuelle** dans les couples. Elle correspond au fait d'imposer son désir sexuel au partenaire, d'influencer par la violence la relation sexuelle. La plupart des femmes victimes de violence conjugale subissent également des viols, sans qu'elles puissent les nommer. Comment imaginer qu'un rapport sexuel puisse être réellement consenti dans un contexte de dévalorisation, de rabaissement et d'humiliation au quotidien ? Malgré l'ouverture sociale et le soutien juridique qui est proposé, aujourd'hui encore beaucoup des femmes préfèrent garder le silence. La violence sexuelle demeure en conséquence très minimisée.

Il y a aussi **la violence affective** qui impose la présence d'un tiers (alcool, drogue ou personne) dans un couple ; le poids des relations extérieures, où l'un des partenaires est obligé de supporter des cohabitations (*« Moi je ne peux pas vivre sans ma mère, donc tu dois l'accepter chez nous, même si tu ne t'entends pas avec elle, c'est comme ça, un point c'est tout ! »*).

Nommer ici les visages transfigurés de nombreuses **violences relationnelles** comme celles du désir ou d'exigences physiques atypiques ; de certaines croyances (autour de la nourriture, de la vêture, des choix de vie) imposées à l'autre et qui le privent de son autonomie, du respect de soi (*« Tu es bonne à rien ! »*), de sa propre confiance en ses ressources (*« Tu es trop exigeante, tu finiras seule ! »*). Dans certains cas, nous pouvons identifier **la violence économique** qui se traduit par le contrôle économique ou professionnel de l'autre (privation d'argent ou de nourriture, vol de documents, refus de moyens de paiement, etc.).

Comme cela a été énoncé précédemment, les violences interpersonnelles ont des origines multiples qui s'inscrivent dans la difficulté à renoncer à l'illusion de la toute-puissance infantile (ITPI)[1] propre au tout petit enfant, qui perdurent à l'âge adulte pour se poursuivre dans des jeux de pouvoir (qui va influencer qui ?), des rapports de force (qui va soumettre qui ?), des perversités banales ou plus graves (qui tire le plus de plaisir dans le désarroi, l'humiliation, la souffrance de l'autre ?).

---

1. ITPI pour l'Illusion de la toute-puissance infantile – désignée dans la Méthode ESPERE® comme l'ensemble de toutes formes de traces ou séquelles du leurre inscrit chez le tout petit enfant, et qui perdurent à l'âge adulte, que le monde, les autres sont au service de ses besoins et qu'ils doivent répondre, au nom de sentiments qu'ils ont pour lui, à tous ses désirs. (*Pour ne plus vivre sur la Planète Taire*, Éd. Albin Michel, 1997.)

Il faut savoir en effet que nous sommes d'une habileté incroyable pour maltraiter, dévaloriser à petits pas les sentiments qui sont en nous, pour disqualifier une relation qui pourtant a été formidable, pour violenter le partenaire quand il ne répond plus à nos attentes, à nos désirs ou à notre volonté de poursuivre le chemin avec... nous. C'est l'origine de beaucoup de coups et de perversité, liés non pas à un manque d'amour, mais au fait que nous avons (volontairement ou non) saccagé réactionnellement un sentiment fort... en nous !

Il y a parfois un véritable terrorisme relationnel (voir chapitre suivant), une violence endémique dans certaines relations amoureuses ou de couple qui entraîne l'un ou l'autre des partenaires à « sauver sa peau », à renoncer ou à fuir une relation qui le détruit ou le dévore, si ce n'est pas déjà trop tard !

La dynamique de la violence conjugale

La violence de couple revêt des formes multiples qui souvent s'entremêlent. Elle sévit dans toutes les catégories sociales, économiques et culturelles, en milieu urbain ou rural et quel que soit le contexte éducatif ou religieux. Pour mieux saisir les enjeux existants autour de la violence conjugale, comprendre ce qui se passe chez l'un des partenaires (victime d'actes de violence) et chez l'autre (auteur d'actes de violence), nous allons poser quelques jalons.

Dans ce livre, nous appellerons « violence conjugale » tout acte, tout comportement, toute attitude, toute parole qui sera déposée contre son gré ou imposée par l'un des partenaires à son compagnon de vie et qui aura pour conséquence de le déstabiliser, de l'humilier, de le meurtrir ou de le blesser dans l'un ou l'autre des registres suivants : physique, sexuel, économique, psychologique ou moral.

Cette définition ne tient pas compte de l'intentionnalité consciente ou inconsciente de celui qui s'impose ainsi. Elle se réfère essentiellement au vécu de celui (celle) sur lequel (laquelle) s'exercent les paroles, les actes, les comportements, sans son consentement. Quand dans son for intérieur, sa subjectivité à vif, cette personne ne se sent pas respectée par rapport à ses propres désirs, ses besoins profonds, ses propres choix de vie.

Contrairement à l'idée communément répandue, les maltraitances, le harcèlement et les violences au sein du couple ne constituent pas un phénomène isolé. En France, selon les statistiques récentes, les violences conjugales concernent une femme sur sept. Et j'ajouterai : tout autant d'hommes ! N'oublions pas que les actes de cette nature impliquent nécessairement deux acteurs : la victime et « son agresseur ». Nous pouvons comprendre que l'aide aux victimes est une mesure aussi nécessaire qu'insuffisante.
La question de la violence que chacun porte en soi et qui s'exprime parfois par des « coups » (dans tous les sens du terme !) reste une interrogation centrale pour tous ceux qui s'intéressent aux relations humaines.

La violence conjugale est avant tout un processus.

Il y a des actes, plus ou moins visibles, palpables, identifiables qui se répètent et prennent ampleur dans la durée. Combien de fois, dans la vie quotidienne d'un couple, on entend parler de tensions ou de malentendus, de quelques querelles, disputes, non-accords sur les décisions à prendre, les projets à construire ensemble, les regards sur l'éducation des enfants, les attitudes sociétales et financières portant sur l'avenir de la famille ? Nous les identifions souvent à des conflits, c'est-à-dire l'expression ouverte ou larvée (retenue en soi) d'une insatisfaction. Ce qui semble être seulement des positions différentes de chacun des partenaires tentant de s'identifier dans le système relationnel commun au couple. *« Un ménage bien accordé est celui où les époux ressentent en même temps le besoin de la querelle »*, disait l'homme de science Jean Rostand.

Caractérisés par un sentiment de malaise, de repli sur soi ou de refus, de rejet ou d'opposition (ouverte ou masquée) traduisant un désaccord, ces conflits peuvent se transformer en oppositions ou en affrontements avec, la plupart du temps, un enjeu manifeste ou caché : **un désir, une volonté que l'autre fasse comme nous**, et qui peut aller jusqu'à la déstabilisation intime de la personne.

L'homme et la femme qui fondent un couple – ou les partenaires d'un couple – emportent avec eux, dans leur corps ou dans leur imaginaire, leur famille d'origine. Ils viennent chacun d'un système relationnel complexe dont ils sont imprégnés, et ensemble ils vont être les architectes d'un nouveau système, plus compact : la famille nucléaire. Dans ce nouveau « noyau », les deux histoires transgénérationnelles (aux innombrables ramifications visibles et invisibles) resteront très présentes dans l'imaginaire de chacun, marquant ainsi la relation du couple, et plus tard les attitudes envers les enfants. Et cela, quel que soit le nombre de kilomètres mis entre la nouvelle famille et les familles d'origine, quelle que soit la qualité de la relation maintenue à distance ou à proximité.

Il faut tout d'abord savoir que vivre en couple, c'est faire partager par chaque protagoniste une double intimité : l'intimité commune, qui permet la création de liens solides en cheminant ensemble dans l'expérience relationnelle, et l'intimité personnelle qui répond au besoin d'avoir son jardin secret qu'on ne souhaite pas nécessairement partager. Pour le couple lui-même comme « noyau » personnel, ces deux intimités existent également. Si ces intimités propres au système relationnel créé ensemble ne sont plus préservées, protégées et respectées, il y a risque de maltraitance, de violence.

Avant d'être conjugale, une violence sévit, depuis bien longtemps, à l'intérieur de celui qui va l'exprimer, qui va la déverser sur l'autre de façon occasionnelle, circonstancielle ou répétitive. Elle est inscrite dans son histoire de façon manifeste ou plus subtile. Elle peut ne pas être reconnue comme telle par celui qui l'a peut-être déjà subie à un moment de sa vie et qu'il peut avoir oubliée, refoulée ou rejetée au plus profond de ses souvenirs.

Même si elle se focalise à un moment donné sur tel partenaire et s'inscrit dans une relation singulière avec telle femme (ou tel homme), la violence a toujours un long passé et des racines profondes aux ramifications imprévisibles.

Gardons-nous d'oublier que toute violence conjugale devient souvent une violence familiale, et qu'elle participe ainsi activement à la maltraitance des enfants. Si elle met en cause, le plus souvent, une relation à base d'emprise, de l'homme sur la femme (et quelquefois de la femme sur l'homme), elle implique fortement les enfants présents. Elle secrète angoisse, insécurité, conflits de fidélité chez les enfants qui se sentent obligés de se positionner pour l'un ou l'autre de leurs parents, en s'identifiant soit à celui ou celle qui bat, soit à celui ou celle qui est battu(e). Un grand nombre d'enfants victimes de violences conjugales présentent un état de stress post-traumatique (cauchemars, vigilance accrue, isolement) avec des troubles qui se prolongent jusqu'à l'âge adulte. On trouve ainsi, d'une part, les troubles de l'ordre de l'atteinte à soi-même (rupture sociale, difficultés scolaires, troubles de la concentration, conduite toxicomaniaque, tentatives de suicide…), et d'autre part les troubles de l'ordre de l'atteinte à autrui (agressivité, délinquance, rapports de force).

Toute violence est un recours, elle signe d'une certaine façon une impuissance. Elle est paradoxalement un langage second, un langage dévoyé, parce qu'il n'y a pas de mots pour dire, pour tenter d'exprimer une problématique qui vient de loin, qui prend ses sources dans l'enfance, dans l'histoire de celui qui a choisi tel ou telle partenaire (et dans ce domaine, il n'y a pas de hasard !), sur laquelle il peut la défouler, la développer ou l'exercer parfois sans limites.

L'élément déclencheur d'une violence conjugale n'est jamais la cause de cette violence. Il n'est qu'une étincelle qui va mettre le feu à une poudre depuis longtemps accumulée, engrangée dans l'histoire de celui qui a besoin de s'en libérer. S'en attribuer la responsabilité, dans un couple, ce sera en quelque sorte collaborer à cette violence.

Les conditions « présentes » en situation de violence conjugale

Toute violence est portée et parfois amplifiée par quelqu'un (le violent) pour être par la suite déposée, surtout imposée et reçue par un autre (le violenté), qui à son tour peut devenir violent en réponse à la violence reçue.

La violence peut avoir différentes sources, récurrentes dans la vie de tous les jours :

- le refus d'un désir – *« puisque j'ai un désir, tu dois me comprendre et le combler »* ;

- la frustration d'une attente – *« tu aurais dû me dire oui », « tu n'as pas le droit de m'interdire »* ;

- le ressenti d'une injustice – *« ce qui m'arrive n'est pas juste, je vais te le faire payer »* ;

- l'insécurité – *« je m'inquiète pour notre avenir »* ;

- la déception – *« ce n'est pas la réponse que j'attendais, je suis déçu »* ;

- la vengeance, leurre de réparation ou de défense à un acte violent – *« parce que tu m'as fait mal, je vais te faire mal »*.

Les sources, les manifestations et les enjeux de la violence conjugale seront développés et analysés tout au long de cet ouvrage.

Pour exister et durer, la violence conjugale suppose plusieurs conditions qui doivent nécessairement être réunies, et que je détaillerai par la suite.

- **Un porteur de violence :** celui (celle) qui ne peut que la sortir de lui (elle), l'expulser, la décharger, dans un agir (passage à l'acte) contraignant. Celui (celle) qui ne se contente pas de la déposer sur l'autre comme une libération, un soulagement, mais qui va l'entretenir en lui sur un mode répétitif, la nourrir de rancœurs, d'accusations, de justifications. Il sera nommé dans le texte du livre RVC (responsable-auteur de violences conjugales).

- **Un récepteur de violence :** celui (celle) qui, avec des enjeux non clarifiés, accepte de rester dans une relation dans laquelle il (elle) ne se respecte pas. Une relation au quotidien qui va mobiliser beaucoup de ses énergies et qui, le plus souvent, lui porte un préjudice (moral, physique, psychologique, financier...) réel, parfois très important, mais qui ne peut s'empêcher de la mettre en œuvre, de la répandre. Il sera nommé dans le texte du livre VVC (victime de violences conjugales).

- **Un élément déclencheur de la violence :** celle-ci surgissant le plus souvent à partir **d'une situation banale de la vie relationnelle du couple.** À ce niveau, tous les prétextes sont valables et peuvent servir de détonateur à l'impatience de la violence qui ne demande qu'à se libérer. La violence conjugale pour s'exprimer fait feu de tout bois, elle ne s'embarrasse pas de contradictions, de promesses ou d'amour, elle prend le dessus sur toute autre considération intime ou sociale. Elle abolit toute sensibilité, annule principes moraux ou religieux et maltraite toutes les valeurs. Elle se justifie par de la mauvaise foi (qu'il serait possible d'appeler « une mauvaise foi sincère », tellement celui qui la vit la ressent parfois comme juste et vraie !). La violence conjugale est accompagnée par une véhémence très structurée qui se régénère à sa propre explosion.

- **Une collaboration aveugle ou implicite de l'entourage :** celui-ci peut adopter deux stratégies qui se révèlent le plus souvent « collaborantes » sinon complices. Soit en se posant en aidant de l'un ou l'autre des partenaires, soit en sauveur du couple. Il s'agit souvent de proches, de parents, qui se veulent objectifs, qui tentent d'expliquer, de justifier, de « faire comprendre » (le comportement du violent) ou d'en minimiser, d'en banaliser les conséquences. Ce qui donnera souvent à celle (une femme le plus souvent) qui est violentée le sentiment d'une incompréhension totale, d'une solitude sans issue, l'impression de ne pouvoir compter sur aucun secours extérieur, le sentiment d'être folle, honteuse ou même de se sentir responsable de ce qui lui arrive.

Le porteur de violence en situation conjugale

Concernant les violences dans le couple, voici les chiffres publiés pour la France en 2017 : tous les trois jours, une femme meurt sous les coups de son conjoint ou de son ancien conjoint ; pas moins de 225 000 femmes ont été victimes de violences conjugales.

Les statistiques nous indiquent que 95 % des auteurs de **violences conjugales déclarées** sont des hommes. À ce jour, bien qu'il y ait un soutien d'écoute aux victimes de sexe masculin (car les hommes battus existent aussi !), les enquêtes sont orientées vers la violence qui touche d'abord et surtout les femmes. Je prends soin de parler de violences « déclarées », elles sont la partie visible d'un immense continent immergé dans le silence et le non-dit, qu'il serait possible d'appeler « le monde de la violence intime » ou « l'univers du terrorisme universel ».

Quelques études, s'appuyant sur la biologie et la psychologie, prétendent donner de l'importance au taux d'androgènes, en rappelant qu'il s'agit des hormones de l'agressivité et du désir et qu'elles sont fabriquées en plus grande quantité chez l'homme... et sont moins présentes chez les femmes, ceci expliquant cela...

D'autres études tentent de mettre en évidence que les femmes ont des particularismes spécifiques : masochisme, composantes hystéroïdes, etc. Cela justifiant ceci.

Nous attachons pour notre part une importance très relative à ces données, surtout quand elles cherchent à entretenir (et à justifier) des tentatives de pseudo-compréhension (et parfois de complaisance) sur les origines de la violence conjugale.

Les multiples recherches, dans le domaine des relations humaines, semblent indiquer que les messages envoyés par les personnes significatives de l'entourage proche d'un enfant, messages qui sont porteurs de vie et qui vont par la suite structurer la relation au monde d'un enfant, sont très différents pour les filles et les garçons. Faisons appel ici à l'expression de « biberon relationnel »,[2] pour désigner l'ensemble des messages qui vont nourrir un enfant à l'occasion des différents actes de la vie domestique et qui vont constituer une empreinte importante, essentielle pour l'avenir de ses relations aux autres. Ces messages ne sont pas de même nature, quand ils sont énoncés par une mère en direction de sa fille (qui seraient plus disqualificatifs et plus centrés sur des sentiments à caractère négatif ou positif) que ceux d'une mère en direction de son fils (qui seraient plus laxistes, plus tournés vers le désir et la valorisation). Ainsi, une fille et un garçon ne reçoivent pas les mêmes encouragements, les mêmes soutiens, les mêmes moyens pour se positionner, s'affirmer, se confronter au monde.

Par ailleurs, il est fréquent que quelqu'un qui est pris dans une dépendance affective (vis-à-vis de sa mère par exemple) ou une addiction (alcool, drogue…) tente de mettre un proche sous sa propre dépendance (obligation de se soumettre en utilisant tous les moyens physiques ou relationnels qu'il a à sa disposition), seule façon peut-être pour lui de survivre.

Notre position sera une invitation ouverte, proposée au RVC (responsable-auteur de violences conjugales), à chercher à reconnaître et à prendre la responsabilité de ses actes, sans se protéger ou se défausser en recourant à des justifications (ou des alibis) liées aux comportements ou aux attitudes de l'autre. Cela veut dire prendre le risque d'entreprendre un travail de réflexion, d'investigation,

2. Jacques Salomé désigne dans la pratique de la Méthode ESPERE®, par l'expression de « biberon relationnel », l'ensemble des messages positifs et négatifs que les parents, dans leurs différentes fonctions (papa et père, maman et mère), déposent sur leurs enfants durant les actes de soins et d'accompagnement qui structurent le quotidien familial (les gestes pour la toilette, la vêture, l'alimentation, les loisirs, la scolarité, les jeux, les câlins, etc.).

d'archéologie familiale sur lui-même, sur son histoire et sur son implication dans l'interaction violente qui le lie à sa partenaire. Ceci afin de favoriser, outre une meilleure conscientisation sur ce qui se passe dans l'ici et maintenant d'une situation donnée, une recherche sur l'origine des blessures (parfois issues de violences physiques qu'il aurait lui-même reçues ou vécues), des traumatismes (disqualifications, rejets, humiliations) parfois très anciens qui se sont inscrits dans sa propre enfance.

Le comportement violent nous semble être un langage qui s'exprime sur un mode ambivalent (le plus souvent paradoxal), pour tenter à la fois d'exprimer et de cacher ou de nier (au travers d'un comportement répétitif, d'un passage à l'acte violent sur un proche) cette blessure ancienne, mais toujours présente, ou ce traumatisme intime qui taraude encore un ex-enfant.

Le comportement violent du RVC peut être entendu comme un langage (ce qui ne le justifie en aucune façon). Le langage du désarroi, de l'impuissance à affronter en soi les contradictions et les ambivalences qui sont l'équivalent de véritables cataclysmes à l'intérieur qui s'agitent, se télescopent ou se nourrissent d'un désespoir sans fin. Ce langage archaïque se manifeste par une conduite atypique focalisée sur une VVC (victime de violences conjugales), conduite susceptible de porter préjudice à l'intégrité physique, psychologique, relationnelle de l'autre qui est vue comme responsable du réveil de la blessure ancienne ou du traumatisme, voire d'en être la cause. Il y a en général sur cette personne la focalisation aiguë d'une responsabilité qui ne lui appartient pas, mais que rien ne détourne.

En nous aidant du schéma suivant, nous pouvons voir comment il serait possible pour le RVC de remonter à la source de ses comportements.

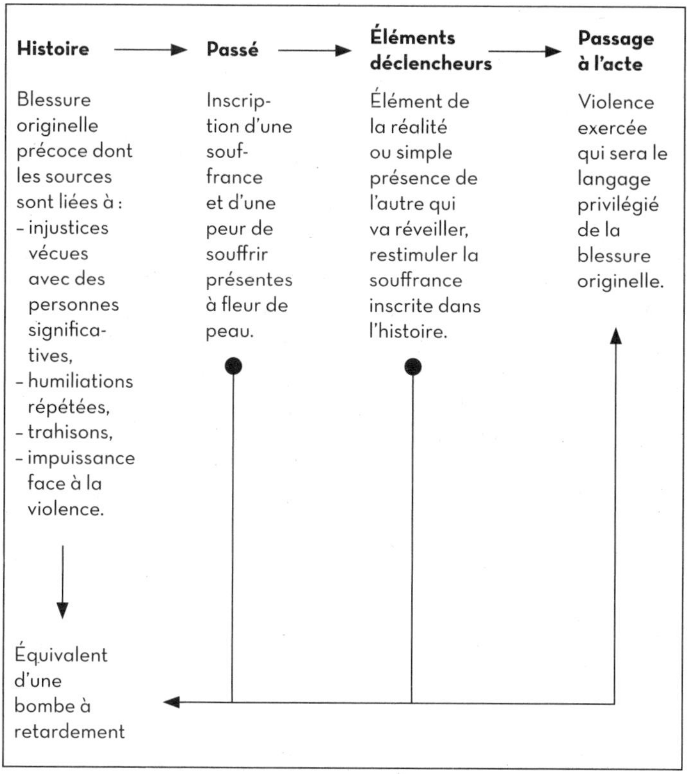

Quels que soient la situation de départ, la parole, le geste ou l'attitude qui vont provoquer le déclenchement de la violence, le RVC va les présenter, les détourner et les utiliser à son profit, validant son comportement violent comme inévitable, sinon tout à fait adapté à la situation.

Tout se passe comme s'il y avait chez lui un besoin d'exploser, pour ne pas imploser, et surtout pour ne pas s'effondrer, pour ne pas rencontrer ses angoisses ou ses terreurs. Pour ne pas être renvoyé aux émois, aux affects de la situation première, celle où il se sentait démuni, impuissant. Dans la situation contemporaine, actuelle, il va au contraire être dominant, «contrôlant», tout-puissant. En ce sens, paradoxalement, sa propre violence le protège et remplit une fonction de garde-fou contre l'irruption d'un désarroi, d'une désorganisation interne qui l'ébranlerait trop fortement, qui le remettrait dans la situation première de son enfance, de son histoire.

Le plus souvent, le RVC est un expert en transfert de responsabilité. Le mécanisme mis en place, qui fonctionne sur un mode automatique, vise à rendre coupable ou responsable l'autre, pour l'équilibre interne duquel ce serait serait intolérable et inacceptable.

Il y a là tous les éléments d'un champ de forces qui doivent s'équilibrer périlleusement, s'ajuster, s'emboîter quasi automatiquement, tels les morceaux d'un puzzle qui a souvent servi.

Le récepteur de la violence conjugale

De même qu'un enseignant pédophile va repérer en début d'année scolaire, dès les premières heures du premier jour de classe, les deux ou trois petites filles ou garçons auxquels il va faire des propositions par la suite, de même le porteur de violence reconnaît, quasi instantanément, lors d'une première rencontre, celle sur laquelle il va pouvoir déposer sa violence et dont il va avoir besoin à demeure. Tout se passe comme si un ensemble de signaux invisibles circulaient, se reconnaissaient, s'apprivoisaient pour ne plus se lâcher.

Le RVC n'épouse pas n'importe qui. Il fera sa demande en direction d'un récepteur potentiellement stimulant ou réceptif à son agressivité. L'approche et l'apprivoisement amoureux seront marqués par des phases d'inquiétude ou d'angoisse à l'idée que l'autre peut encore se détacher de lui, le quitter. Phases de doute qui se traduiront au début de la relation amoureuse par des manifestations parfois excessives d'amour, de marques d'attention. Celui-là fera beaucoup d'invitations, de cadeaux, montrera beaucoup de prévenance. Ce qui, au début, surprendra l'intéressée et, en même temps, entretiendra chez elle une fixation, qui lui fera espérer, par la suite, même aux pires moments de la violence, le retour à cette période paradisiaque où son partenaire l'assurait de son amour et de toute sa tendresse.

Il sera intéressant de retrouver qui, des deux partenaires, a fait la demande en premier, qui a posé le premier pas en vue du mariage ou qui a évoqué ou suggéré en premier la possibilité d'une vie en commun !

Intéressant aussi de réfléchir et de mettre en évidence les attentes de l'un et de l'autre... sur l'autre à ce moment-là, pour mieux comprendre comment un système relationnel invivable (et pour l'un et pour l'autre) s'est mis en place et va perdurer, car il recherchera des preuves, des confirmations dans le vécu de cette première période !

Car le récepteur de violence conjugale (VVC) envoie, même s'il s'en défend, le plus souvent malgré lui, des signaux-appels ou des stimulations qui vont donner sinon le feu vert, du moins une impulsion au porteur de violence. Il ne s'agit pas ici de cautionner un lieu commun souvent entendu : *« Si elle l'a épousé, c'est qu'elle l'a bien cherché, si elle reste avec lui, c'est qu'elle doit aimer ça ! »* Il s'agit encore moins de mettre en accusation, de façon directe ou indirecte, celle qui sera violentée, en lui laissant croire qu'elle est « quand même » responsable de ce qui se passe entre elle et son partenaire. Il s'agit de manifestations plus subtiles, plus profondes, enracinées dans son histoire affective, vraisemblablement dans la dynamique de sa relation au père.

Le réseau des racines sur lequel se greffe l'interdépendance entre le RVC et le VVC est extrêmement complexe, il faudrait retrouver dans l'histoire de chacun à quelles loyautés, fidélités invisibles, à quelles fidélités tenaces, à quelles missions de réparation l'un et l'autre obéissent.

Les signaux qui vont déclencher et stimuler la violence sont multiples. Ils ne sont pas toujours verbaux et visibles. Comme ils sont le plus souvent de nature inconsciente, il serait vain de tenter de les répertorier ou encore de les censurer, de les nier ou de vouloir les contrôler, car ils relèvent des conflits intrapersonnels profonds de la personne qui en est l'émettrice.

Nous pouvons observer que, quel que soit le mode utilisé : passif ou actif, direct ou indirect, ces signaux sont enregistrés à la vitesse de l'éclair par le porteur de violence et vont devenir de véritables *stimuli* pour alimenter les éléments déclencheurs de sa violence.

Il conviendrait de rester attentif à la première manifestation de violence qui surgit dans le couple. À quel moment s'est amorcé le système, quel prétexte au départ, quelle manifestation ouverte ou voilée, quels enchaînements et développements ont suivi ?

Le comportement adopté à la suite de la première violence va donner le ton à tout ce qui arrivera par la suite, c'est un véritable échantillon de laboratoire qui contient potentiellement toutes les souffrances à venir. C'est pour cela que la responsabilité du récepteur est souvent mise en cause, comme si on lui reprochait de n'avoir pas été assez attentif à ce qu'il a laissé passer, laissé faire ou subi. En effet, s'il ne se définit pas tout de suite clairement et, au besoin, en prenant de la distance ou en mettant fin à la relation dès la première manifestation de violence, le porteur de violence, n'ayant aucune balise extérieure, va s'engouffrer dans cet espace d'autorisation implicite et le nourrir de tout un imaginaire. Dans le cas contraire, si nous parlons d'une femme réceptrice de la violence, si elle se positionne fermement, sans laisser croire qu'une telle relation est possible, elle peut désamorcer son partenaire qui éventuellement renoncera à la relation pour chercher quelqu'un de plus accessible à ses... besoins !

Il semble d'ailleurs que c'est bien cette anticipation de rupture, de perte pressentie, cette peur que le RVC renonce à la relation qui va faire que la VVC va paradoxalement rester dans la relation, en essayant dans un premier temps de comprendre, de pardonner ou d'imaginer que c'est de sa responsabilité, que c'est à elle de changer pour ne plus provoquer les manifestations qu'elle redoute... chez l'autre. Parfois même, très tôt, elle va se donner la mission de comprendre, de soigner, de faire changer. Dans une sorte d'engagement aveugle vis-à-vis d'elle-même, engagement auquel il lui sera difficile de renoncer. Elle ne sait pas que le scénario est amorcé, mis en place depuis bien longtemps, bien avant la rencontre et qu'il va, le plus fréquemment, se dérouler de façon quasi automatique, avec les mêmes séquences, les mêmes leurres ou attentes voués à l'échec et cela quoi qu'elle fasse, quoi qu'elle imagine, souhaite ou espère de l'autre.

Mais retenons surtout que tout cela se passe quasiment à l'insu des intéressés – c'est ce qui expliquera l'échec des tentatives de prise de conscience stimulées par les amis et certains proches.

L'élément déclencheur

Les situations déclenchantes sont innombrables, le porteur de violence peut utiliser n'importe quel prétexte pour exploser, libérer sa violence, car elle l'oppresse, le taraude et le pousse à l'exprimer, à l'extérioriser. Il est lui-même victime de ce mécanisme interne, de cette poussée contraignante qui provient des expériences traumatiques (précoces le plus souvent) dans sa propre histoire et enfouies dans la mémoire de ses oublis.

Le prétexte peut être d'ordre imaginaire, fantasmé ou réel, puisé dans l'immense réservoir des situations banales de la vie quotidienne d'un couple. Une attente déçue, un retard, un regard ou une marque d'attention à un autre... tout est utilisable. Un mot, un geste, une intention de s'opposer, d'exprimer son point de vue différent, une manifestation minime d'irritation ou de déception, tout est support à réveiller la violence qui sourd à l'intérieur de l'autre. Cela peut aller du reproche de ne pas avoir entendu une demande, d'avoir oublié quelque chose, d'avoir osé émettre un désir, un avis différent, d'avoir évoqué un manque chez le RVC, une opinion personnelle sur sa façon d'être ou de faire... jusqu'au soupçon (devenu certitude) d'avoir « fait » dans son dos, de l'avoir trompé, d'avoir une autre relation.

« Un jour un dimanche après-midi, après un coup de téléphone, le soupçon a fait irruption dans notre vie. Depuis ce jour tout était ramené à cela, rien n'était plus

fiable, quoi que je fasse, dise, cela alimentait un immense réservoir de méfiance chez lui... »

Le seuil de frustration, la pression interne, les fantasmes chez le RVC et chez la VVC, des gestes, des conduites inductives, une soumission pour ne pas envenimer la situation ou au contraire de la révolte, un désir de changement, une aide proposée, l'invitation à se faire suivre psychologiquement, des événements extérieurs (visite, invitation) peuvent être autant d'éléments pouvant susciter l'explosion de la violence et transformer une soirée en enfer.

Il est vain de penser qu'on peut anticiper, contrôler ou éviter l'apparition de l'un ou l'autre de ces éléments déclencheurs. Le RVC déjouera toutes les manœuvres qu'il percevra en ce sens et même s'en servira pour justifier ses gestes, ses comportements et ses attitudes violentes et également pour se rehausser. Car le RVC souffre le plus souvent d'une profonde mésestime de lui, en dépit des apparences, c'est pour cela qu'il veut avoir toujours raison, le dernier mot comme il dit. Dans certains couples, il y a aussi comme un jeu de miroir, la VVC souffrant d'une mésestime d'elle-même, doutant de ses propres capacités à satisfaire l'autre, à le combler, va « en faire trop » pour l'autre, sans comprendre qu'elle alimente méfiance, doute et suspicion chez son partenaire.

« Si elle fait autant pour moi, c'est qu'elle a quelque chose à se reprocher, sinon elle ne ferait pas tout cela ! »

Il y a donc un fonctionnement en miroir, avec deux personnes responsables de l'entretien de la violence, mais avec des conséquences opposées. Chez l'un la non-confiance s'évacuant par la violence, chez l'autre par un redoublement de tentatives de compréhension, d'ajustement et, ce faisant, de collaboration implicite à un système qui s'autoalimente ainsi, en circuit fermé. Ce que nous pouvons nommer de l'autoviolence, inconsciemment en direction de soi-même.

Voici comment peut être illustré le cycle fermé de la violence :

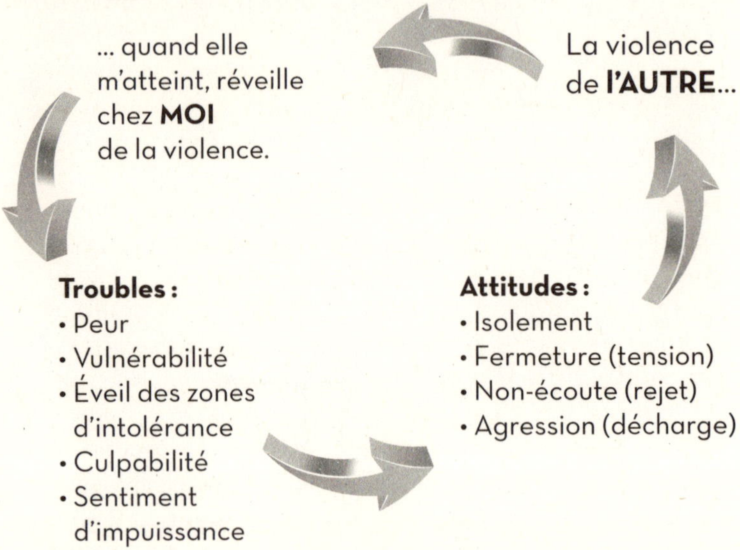

Nous pouvons remarquer que la violence n'est pas un phénomène naturel ou inné. Elle vient de quelque part, elle est acquise par transmission directe ou indirecte. Il y a quelque chose qui la déclenche, elle est une réponse à un état de souffrance, d'incompréhension, et pour l'exprimer autrement elle se transforme, elle devient un langage... Certes, un langage inadapté, mais très fréquemment utilisé. Parfois même par ceux qui se disent non-violents !

Une intimité protectrice et piégeante

Le responsable-auteur de violence conjugale (RVC) s'arrange, le plus souvent, pour exercer ses violences en dehors de la présence de témoins. Il peut d'ailleurs se présenter, aux yeux des personnes extérieures, comme quelqu'un d'affable, de prévenant, de sociable, de serviable et quelque peu hyperprotecteur (autres façades de la possessivité, du besoin de contrôle exercé sur sa partenaire).

C'est ainsi que la maison, le foyer deviennent des lieux de torture, dont la seule approche au retour du travail déclenche angoisse, troubles et somatisations diverses. La personne RVC est habile à construire un environnement qui isole l'autre, à créer une intimité intouchable qui marginalise même les proches. Il aura su éloigner la famille, provoquer des ruptures avec les amis, réduire a minima les rencontres avec les connaissances et/ou réduire à néant les occasions de rencontres sociales. Bref, il aura isolé sa partenaire pour mieux la dominer et exercer pouvoir et violence, sans le regard et le jugement d'autrui. Souvent le RVC est un redoutable manipulateur, distillant des informations erronées, laissant échapper des phrases à double sens, écrivant au nom de son conjoint, lui envoyant des provocations téléphoniques ou par e-mail, pour tenter de le confondre.

« J'ai découvert un jour qu'il avait écrit à mon psychanalyste, lui disant que j'étais tombée amoureuse de lui et que dans ces conditions je ne pouvais poursuivre ma démarche, qu'il trouvait malsaine cette situation et qu'il allait avertir la Société de psychanalyse... »

« Je fréquentais une salle de musculation et de mise en forme, quand un jour j'ai vu arriver chez moi un ensemble

d'appareils, qu'il installa dans le garage, me disant que cela me ferait gagner du temps, si je faisais directement mes exercices ici et non plus au club où j'étais inscrite !... »

« Il m'informa qu'il ne pouvait se permettre d'avoir deux voitures, qu'il avait vendu la mienne, que je pouvais emprunter la sienne, mais qu'il n'y tenait pas vraiment... »

« Nous partions en vacances dans des coins perdus – j'adore la solitude et le silence – me disait-il, ce qui ne l'empêchait pas de hurler, le soir, quand je n'avais pas envie de faire l'amour avec lui ! »

« Un soir, mon mari m'annonça qu'il avait fait de mauvaises affaires, qu'il avait besoin de mon aide, sans préciser pour autant en quoi elle pouvait consister. Quelques semaines plus tard, je découvris que tous mes bijoux avaient disparu. Il joua l'étonnement et exprima une indignation si sincère que je me suis mise à douter de ce que j'avais dit ce soir-là. Il s'écria : "Bien sûr que je les ai vendus, tu m'avais dit que tu étais d'accord pour m'aider !" Plus tard j'ai découvert qu'il avait acheté des actions... »

Dans cet environnement, que le RVC veille à contrôler et qui va dépendre pour l'essentiel de son bon vouloir (sorties, téléphone, voiture, fouille des affaires personnelles, mainmise financière...), il lui sera plus facile de mettre en œuvre l'autre partie de sa personnalité et de libérer sans aucune contrainte des explosions verbales brutales, grossières, des passages à l'acte physiques, du chantage sur les enfants, des violences sexuelles, économiques, morales... C'est ainsi que la maison, le foyer, qui est censé être un endroit protégé, sécurisant, devient un lieu de torture dont la seule approche au retour du travail, ou à la perspective d'un week-end prolongé, va déclencher angoisse et désarroi, troubles et somatisations diverses, quand le système dure depuis des années.

Une collaboration aveugle, sincère et active de l'entourage et parfois de la VVC

Notre environnement proche est rarement aidant. Car souvent nos amis, notre famille, nous incitent à rester, à faire un effort, à comprendre l'autre, à essayer de changer quelque chose chez nous, sans entendre toujours que ce que nous vivons est insupportable et parfois n'est plus acceptable. Cette collaboration est souvent organisée indirectement par le RVC qui, nous l'avons vu plus haut, a éloigné, repoussé hors du champ de l'intimité ceux qui pourraient accueillir des plaintes ou entendre le vécu de la VVC. Cependant le RVC arrive même à se concilier les bonnes grâces de la famille de la VVC et des proches. Il s'est arrangé pour, d'une part, donner une image positive de lui-même et, d'autre part, pour disqualifier sa partenaire sur un mode paternaliste, humoristique ou ironique. L'ironie est particulièrement propice pour coincer l'autre dans l'ambiguïté du double sens des mots.

Il peut faire l'étalage de préoccupations légitimes, pour expliquer l'attitude fermée ou bloquée de sa partenaire, qui paraissent sincères tant elles ont l'air plausibles. Il fait souvent des commentaires avec une compréhension factice mais convaincante pour l'entourage, sur sa partenaire présentée comme incontrôlable, dépressive, cyclothymique :
« Elle ne sait pas ce qu'elle veut, heureusement que je suis là, elle exagère toujours, elle fait un plat de n'importe quel incident... »

Il la présente comme infantile ou même hystéroïde :
« Elle prend la mouche pour un rien, elle croit toujours qu'on lui veut du mal... Elle ne comprend pas que c'est pour son bien, si les gens savaient tout ce que je fais pour elle, il n'y a pas beaucoup de maris qui sont toujours là,

qui rentrent tout de suite de leur travail, qui ne s'éparpillent pas à l'extérieur… »

Avec une pseudo-compréhension équivalente, l'entourage direct, proche, minimise, invoque des raisons, des causes susceptibles d'expliquer le comportement du RVC et même de l'excuser :
« Il faut le comprendre, de toute façon, il t'aime. Regarde comme il tient à toi, tu n'en trouveras pas beaucoup qui rentrent tous les soirs à l'heure, qui ne sortent pas… Tu as tort de te plaindre, il y en a beaucoup qui seraient contentes de l'avoir pour mari. On dirait que tu veux lui chercher des défauts… »

Quand l'entourage a été soit éloigné, soit neutralisé, endormi, manipulé, repoussé hors du champ de l'intimité où s'exerceront pleinement les violences et le terrorisme relationnel qui sont caractéristiques de ce type de relation, la VVC se sent isolée, incomprise, doutant de ses propres ressentis, renvoyée à une solitude qu'elle amplifie par ses dénégations ou par des explications masquant sa honte :
« Je ne peux avouer que je suis maltraitée par l'homme qui m'aime autant… »

Elle dira en souriant :
« Je suis tombée, heureusement que je suis solide… »
« Je n'arrête pas de me cogner, je ne peux rien toucher sans déclencher une catastrophe… »
« Mon mari a raison quand il dit que je suis maladroite, je ne sais pas où j'ai la tête ? »

Ce n'est pas tant le désir de défendre son partenaire aux yeux de l'entourage que l'expression de la mésestime qu'elle a d'elle-même, dont la source empoisonnée remonte à l'illusion négative de sa propre image. Le mécanisme que nous appelons « illusion négative » est celui qui remplace chez d'autres la nécessaire illusion de la toute-puissance infantile (ITPI) qui, dans ses côtés bénéfiques, laisse croire que l'univers est attentif, bienveillant et soucieux à notre égard.

L'illusion négative *« que l'on n'est pas bon, qu'on ne mérite pas d'être heureuse, que c'est notre lot, que tout cela au fond est normal quand on a eu l'enfance qu'on a eue... »*, correspond à des doutes profonds, à de la non-confiance, au sentiment d'être sinon la cause, du moins responsable de tout ce qui va de travers. Dans le discours de certaines, cela remonte souvent aux circonstances de la conception, de la naissance :
« Si je n'avais pas été conçue, papa n'aurait pas été obligé d'épouser maman et aujourd'hui ils n'en seraient pas là à se taper dessus, à se disputer sans arrêt... »

Ou bien :
« Si je n'étais pas né, maman aurait pu refaire sa vie et être plus heureuse... »

Et bien d'autres variantes autour de ce thème, pour démontrer que :
« Je suis bien à l'origine du malaise de l'autre... sinon il ne se comporterait pas comme il le fait avec moi, et d'ailleurs avec les autres, il est gentil, et la preuve c'est que tout le monde me dit que j'ai de la chance de l'avoir. Même mes copines en ont assez de m'entendre me plaindre... »

Quand tous ces éléments sont réunis, le système est bien installé, il paraît parfois inébranlable avec, comme seule issue, la fuite (mais elle paraît à beaucoup trop dangereuse, tellement la brutalité et la violence du partenaire sont redoutées). Quelquefois il y a des rêves éveillés salvateurs (tel le syndrome de l'oncle d'Amérique, décrit par Henri Laborit), imaginant le surgissement d'un événement, l'apparition d'un ange gardien qui va mettre de l'ordre dans tout cela. D'autres fois, ce seront des fantasmes, tournés vers l'autre ou vers soi-même, quand on imagine sa propre disparition ou celle de son partenaire dans un accident, une maladie…

Quand circulent des rêves de violence sur l'autre, où l'on souhaite sa mort, sa disparition, s'ajoutent aussi de la culpabilité et des régressions infantiles. On s'en veut d'avoir pu penser (panser) cela ! Et puis, le plus souvent, il y a l'attente d'un miracle, le surgissement d'une prise de conscience, d'un élément qui va faire prendre conscience, changer l'autre, interrompre le cauchemar vécu au quotidien et arrêter le processus. C'est cette attente désespérée qui collabore le plus à l'entretien du système.

- Comment inciter quelqu'un à « sauter » quand il est persuadé que ne pas bouger ou courber le dos est la seule chose à faire ? Comment convaincre quelqu'un de sortir de l'attente vaine alimentée par l'espoir que l'autre va changer, comprendre et retrouver un comportement plus normal, comment convaincre quelqu'un qui pense que la passivité est moins risquée que d'envisager de se respecter en se positionnant, en s'affirmant ?

C'est un problème quasiment insoluble, car on touche là aux croyances inscrites très tôt dans une vie. Une croyance ne peut être remplacée que, d'une part, par la personne qui la vit et, d'autre part, par une autre croyance.

Nous sommes dans une dimension qui ne relève pas de la communication interpersonnelle mais uniquement de **la communication intrapersonnelle**.

Les démarches envisageables dans la situation de violence conjugale

Les démarches proposées pour aider la victime de violences conjugales (VVC)

Les personnes victimes ne choisissent pas la rupture, elles ne choisissent pas non plus de faire du chagrin à l'autre, elles sont dans l'urgence de faire des choix pour leur survie.

Ces personnes ont besoin d'être soutenues en recevant des informations simples et correctes s'appuyant sur la loi. Une aide de premier secours sera d'oser mettre un tiers suffisamment représentatif de la loi entre l'auteur de violences et la victime. Ce tiers représentera la référence et l'ancrage au réel.

- Obtenir un **certificat médical**.

- Déposer une **plainte**.

- **Contacter** et demander le soutien de prise en charge par **SOS femmes battues.**

- **S'appuyer sur un groupe local de femmes**, un mouvement proche existant, susceptible de vous accueillir en cas de crise aiguë, de vous soutenir pour que vous n'affrontiez pas seule une situation qui se révèle sans issue.

- Accepter de **se faire accueillir** par des proches.

- **Consulter un avocat** (et dans certains cas un avocat pénaliste).

- **Renoncer à la relation** et trouver un point de chute protégé.

Mais pour entreprendre l'une ou l'autre de ces démarches et les respecter, encore faut-il sortir de quelques pièges et illusions comme, par exemple :

✓ **Renoncer à la croyance que cela s'arrangera tout seul**, que l'amour suffira ou qu'une prise de conscience chez l'autre apaisera les conflits et résoudra tous les problèmes.

✓ **Comprendre que l'autoviolence** (celle que nous produisons envers nous-mêmes) **ne fait qu'alimenter l'hétéroviolence** (celle de l'autre).

✓ Ne pas se laisser entraîner dans **le chantage** impliquant les enfants :
« Si tu pars tu ne reverras plus jamais les enfants, si tu quittes cette maison, je les tue... »

✓ Ou encore, ne pas tomber dans **son propre autochantage** ou sa **répression imaginaire** :
« Je ne peux quand même pas faire cela aux enfants, porter plainte contre le père... »
Dans ce cas précis, mieux conscientiser qu'il ne s'agit pas de porter plainte contre le père, mais contre son propre mari ou contre son partenaire conjugal.

✓ **Peut-être, entreprendre un travail sur soi**, une démarche thérapeutique qui permettra de libérer des énergies, afin de pouvoir prendre une décision plus adaptée à ses choix de vie.

Les démarches possibles pour le responsable-auteur de violences conjugales (RVC)

Dans une approche visant la diminution du nombre des actes de violence, il est souhaitable de proposer un soutien aux auteurs de violence conjugale.

- **Accepter une collaboration** pour un travail de conscientisation de la gravité de ses actes. Les institutions ou les organismes juridiques et sociaux chargés de la prévention et de la protection de personnes contre la violence peuvent lui proposer un accompagnement afin qu'il s'investisse dans un travail sur soi.

Un rappel de grand-mère avertie :
« La prise de conscience est certes importante, mais elle n'est pas suffisante. Ce matin j'ai pris conscience, nous disait-elle, que le pneu arrière de mon vélo était crevé, c'est curieux, cela ne l'a pas regonflé ! »

La prise de conscience n'est pas suffisante dans un processus de changement ou d'aide si elle n'est pas accompagnée par une action. La cohérence entre celle-ci et la pensée est la condition nécessaire et indispensable à toute réussite. Agir au-delà donc des prises de conscience, se mettre en mouvement, se mobiliser pour commencer un changement significatif dans ses conduites et comportements.

- Sortir d'un piège fréquent dans les relations humaines :

  ✓ **L'accusation d'autrui** : « C'est de ta faute, si tu n'étais pas comme cela, si tu étais un peu plus ceci, cela, et d'ailleurs tu ne m'écoutes jamais, tu dois savoir que quand je suis en colère, je ne peux plus me contrôler... »

✓ **L'auto-accusation ou dévalorisation** : « Oui, je sais, moi je n'ai pas fait d'études pointues comme toi, tu as de la veine d'avoir eu des parents qui t'aimaient, j'ai toujours été comme ça, on ne peut pas se changer, c'est dans mon caractère... »

Ceci afin de commencer à se responsabiliser : « Ce qui est le plus important n'est pas dans ce qui m'arrive, mais ce que j'en fais ! »

- **Prendre le risque de consulter** et de se reconnaître comme ayant besoin d'une aide, d'un accompagnement. Il existe des groupes de paroles pour hommes violents.

En acceptant de participer à des groupes de paroles (semblables à ceux des Alcooliques anonymes), le RVC peut ainsi sortir de l'enfermement, de la répétition dans laquelle il est trop souvent coincé et se confronter aussi aux blessures de son passé.

- **Entreprendre une psychothérapie** individuelle ou de groupe et commencer ainsi un travail d'archéologie intime et familiale, pour entendre ce qui est réellement en jeu dans l'expression de sa violence sur une femme proche. Cela constitue parfois une véritable révolution qui débouche sur une réconciliation avec soi-même.

POUR RENONCER À ENTRETENIR SA SOUFFRANCE

« De partout il y a de ces personnes
affamées de la demande,
ceux qui n'ont rien à donner que la violence
et le désespoir de leur manque,
ceux qui gardent le plaisir inouï
d'une souffrance latente. »

Les partenaires, en amour, jouent sans toujours le reconnaître…

Nous remarquons que la rencontre amoureuse, qui au fil des années est devenue une véritable relation de couple, évolue, se transforme. Les deux protagonistes de cette relation, après un bout de chemin ensemble se trouvent un jour face à face, incapables de communiquer, d'ouvrir leur cœur, de dévoiler leurs pensées, de se rendre accessibles… La souffrance s'installe dans le noyau relationnel, autant pour les adultes-parents que pour leurs enfants et leurs proches, famille, amis.

Aujourd'hui, dans la société de ce XXIe siècle, le constat est encore plus ressenti, nous sommes malades d'une seule maladie : l'incommunication. Une personne malade ou « en difficulté de santé » est une personne qui tente de dire avec une « mise en maux » ce qu'elle ne peut pas dire avec les mots. Quel que soit l'élément déclencheur, elle tente d'exprimer le conflictuel qui lui paraît sans issue ou source de désarroi, et parfois même de destruction, par un langage symbolique invisible qui est celui des somatisations et des maladies, et un langage plus visible qui est celui des gestes agressifs et des actes violents.

Certaines situations, dans lesquelles nous n'avons pas pu mettre des mots sur nos ressentis, nos besoins, nos attentes, etc., créent un conflit intrapersonnel, un conflit à l'intérieur de soi et avec soi-même. *« J'avais dit oui, alors que tout mon être avait envie de dire non ! »* Dans d'autres situations, le conflit se joue à l'extérieur, dans notre relationnel.

Prenons le cas le plus typique, celui d'une jeune femme mariée, dont le mari a un désir sexuel au moment où elle n'en a pas. Parce qu'il insiste un peu, qu'elle n'ose lui refuser, en acceptant, elle entre en conflit avec elle-même. À répétition de cette scène, ne respectant pas son propre désir, son corps est là pour le lui « rappeler » par des cystites (ou autres symptômes gynécologiques). Quand, à force qu'elle soit indisposée, la colère de son mari se réveille, elle sera le récepteur de messages méprisants ou menaçants, chargés d'une certaine violence qui s'inscrira dans son corps de femme, et dans cette relation qui deviendra plus tendue.

Combien de maladies vont être l'expression « hurlée » de violences relationnelles subies, exercées par nos proches, et plus souvent encore par notre propre conjoint, comme l'expression de la violence engrangée dans un corps qui se rebelle, la violence hébergée dans un esprit qui se débat, coincé entre des injonctions, des interdits, des obligations ?
Au-delà de l'interrogation toujours présente, comment est-il possible que les actes de violences faites aux femmes augmentent – en dépit de multiples mesures de précaution, d'actions de dénonciation mises en place,

d'ouvertures possibles pour que les femmes puissent parler ? Il semble quand même qu'il y ait beaucoup, beaucoup de femmes violentées et détruites qui aujourd'hui n'osent pas encore exprimer leur mépris, la souffrance qu'elles ont engrangée, il semble qu'elles n'osent pas se dire l'inacceptable de leur intimité.
Tenter de comprendre n'est ni excuser, ni essayer de justifier les comportements violents ou de tempérer les souffrances insupportables qu'ils engendrent dans la durée d'une vie conjugale et familiale. Souffrances qui se déclinent sur plusieurs plans : physique, moral, psychologique et aussi dans l'espace de la transmission aux enfants qui en sont témoins et qui vivent dans une insécurité parfois terrifiante, liée à la proximité, à la vision quasi permanente d'un parent agressant et incontrôlé et d'un autre subissant et victime. Ce qui incite quelques autorités (voir la thèse du CNIDFF, Centre national d'information sur les droits des femmes et des familles), lors de leurs études, à affirmer que la violence conjugale ne relève pas de la pathologie, mais « de la délinquance et de la volonté de contrôle et d'appropriation des femmes ».

Pouvons-nous accepter d'entendre que la violence est un langage, un langage certes inapproprié, mais un langage ultime qui dit surtout l'impossibilité et l'impuissance à se dire autrement ? Il conviendrait dans ce cas de se pencher sur ces hommes qui n'arrivent pas à s'exprimer autrement que par des pulsions destructrices.

Nous avons vu, dans les rares enquêtes qui portent sur les hommes violents, qu'ils ont vécu dans l'enfance des abus, des maltraitances, qu'ils sont parfois dans un conflit intrapersonnel insoluble vis-à-vis d'une hétérosexualité mal acceptée. Qu'ils sont porteurs de modèles, d'injonctions ou de missions qu'ils peuvent se donner pour justifier leur comportement. Il est certain que les messages différents (pour la plupart inconscients) qui circulent au sein d'une famille (messages évoqués dans le chapitre précédent comme « le biberon relationnel ») nourrissent et entretiennent des rapports de force entre les hommes et les femmes, qui sont le plus souvent au détriment des femmes.

Si nous analysons d'autres études portées sur la relation paradoxale créée entre deux êtres, qui se choisissent librement, nous pouvons constater qu'ils vont se violenter mutuellement mais pas sur les mêmes registres, pas avec les mêmes moyens, pas avec les mêmes enjeux, mais toujours avec le même aveuglement et la même ténacité.

Pour renoncer à entretenir les souffrances, nos souffrances, la parole osée, posée et accueillie, demeure un « remède » puissant. Les mots servent à médiatiser l'énorme fossé qui existe parfois entre notre imaginaire et la réalité environnante.

Au-delà de toutes les causes amplificatrices de la violence conjugale, le seul antidote non-violent à la violence reste la communication. C'est le fait de pouvoir mettre en commun. Cette mise en commun n'est possible qu'à partir de quatre démarches : demander, donner, recevoir et refuser que lorsque l'un ou l'autre des protagonistes d'un échange ne peuvent demander en toute liberté, donner de son plein gré et avec ses choix, recevoir sans se sentir contraint et avoir la capacité de dire non sans être pris dans un réseau de culpabilisation, d'injonctions ou de contraintes, je crois que la violence diminue et disparaît entre deux êtres proches.

Le terrorisme conjugal

Si le terrorisme le plus sanglant se passe dans les rues de Paris ou en Syrie, le terrorisme le plus meurtrier se vit souvent juste à côté de nous, à la table familiale, dans le lit conjugal, dans les voitures qui descendent vers le soleil des vacances, dans l'atelier ou le bureau où nous passons le tiers de nos journées, dans un parking ou même un hôpital (quand telle femme se réveille après une intervention chirurgicale avec un sein en moins, l'utérus enlevé, etc.).

La notion de « terrorisme conjugal » désigne ici l'ensemble de toutes les violences visibles ou invisibles, exercées au nom de l'amour ou de la peur sur les sentiments, les comportements ou le désir différent d'un autre. Il déclenche la notion de menace permanente sur la durée et l'intensité des sentiments. Chaque fois qu'il y a une divergence, une différenciation possible, tout se passe comme si le devenir de l'amour et la qualité des sentiments étaient remis en cause (terrorisme affectif).

« Regarde comme je t'aime, je fais tout pour toi.
Je ne fais rien pour moi. »
Hélas ce « je fais tout » veut dire aussi « tu n'as rien à faire, n'existes pas ou n'existes que pour moi... ».

Dans le domaine familial, cela donne :
« Tu dois être sensible à notre tradition familiale
de nous réunir aux anniversaires de mes parents... »
« Tu dois aimer ma mère... ou le bon plat
qu'elle nous a préparé... »
« Quand mes parents viennent tu devrais t'habiller ainsi,
te coiffer comme cela... »

Le terrorisme conjugal qui ne fait pas de bruit, qui se tait, qui s'excuse ou se justifie... et s'entretient ainsi longtemps, longtemps dans une vie, qui se perd à se chercher dans les désirs et les attentes de l'autre.

La certitude ancrée

« Mais enfin, tu sais bien que c'est moi qui ai raison ! »
« Je savais que ça serait ainsi. Je te l'ai dit déjà, mais tu ne m'écoutes jamais ! »
« C'est vrai, j'ai oublié de demander ton avis, mais je suis sûr de ma décision, tu dois me faire confiance. »
« Par mon expérience... je sais et je peux te le montrer, que... »
« Ça se passera comme ça et pas autrement ! »
« Tu sais rien toi, je dois tout t'apprendre ! »
« J'ai raison, c'est tout ! »

Le terrorisme le plus contraignant et le plus difficile à affronter est celui du «*porteur de vérité*» quand dans une relation un des partenaires se croit dans la vérité, car il a transformé ses croyances en certitudes, quand il détient le bon et le beau rôle, la bonne position. Il y a un seul et unique système de pensée, exigu et rigide, le sien. Ce mode de fonctionnement devient étouffant et engendre inévitablement beaucoup de colère et d'angoisse chez l'autre partenaire, qui à aucun moment n'est autorisé à s'exprimer, à extérioriser ses idées, ses ressentis, à se positionner. Colère qui, refoulée en soi, va devenir une source d'agressivité.
Ce terrorisme-là fait appel à la logique de la raison, à la logique du devoir, du bon droit sur le réel de l'autre, c'est-à-dire sur sa subjectivité, sur son vécu, sur son système de valeurs différent.

Quand nous croyons avoir raison par le savoir, la raison est que nous ne savons que ça !

La force du désir désirant

« J'ai envie qu'il ait envie d'être avec moi,
de m'écouter, de recevoir ce que je lui apporte ! »
« Tu dois m'aimer ! Je fais tout pour te faire plaisir ! »
« Tu devrais être heureuse,
nous avons tout ce qu'il faut ! »
« Quand je la désire, je désire qu'elle s'ouvre,
qu'elle entre dans mon désir ! »
« Tu dois avoir du désir quand j'en ai. »
« Tu dois apprécier ce film, c'est mon préféré ! »
« Si tu n'es pas du même avis que moi…
c'est que tu ne m'aimes pas assez. »

Nous sommes des êtres de désir, le propre du vivant est la présence du désir en nous. Souvent, nous tentons sans relâche d'imposer à l'autre *« les désirs qu'il devrait éprouver »*. Cette image du désir est la plus difficile à vivre car elle nous confrontera à nos limites. Nous n'avons pas de prise sur le désir de l'autre, nous avons seulement un pouvoir restreint : de l'éveiller et de le stimuler. Le désir de l'autre lui appartient, il est spontané ou il n'est pas.
Cette impuissance-là, quand nous découvrons nos limites sur le désir de l'autre, n'est jamais vraiment acceptée. À répétition, elle blesse les reliquats de notre toute-puissance perdue. Alors nous rencontrons notre refus profond, notre inacceptation intime d'être dépourvu de ce pouvoir. Lorsque ce désir est frustré, il peut conduire aux aberrations relationnelles, il peut déboucher sur la violence contre soi-même, contre l'autre.

Ne pas payer
le prix du plaisir…
au prix du bonheur !

La fausse liberté d'agir

« Fais ce que tu veux... mais tu ne viendras pas te plaindre à moi. »
« Je t'avertis, puis c'est toi qui décideras ! »
« C'est pour ton bien : il vaut mieux que tu ne fréquentes plus cette personne. On a pas mal d'amis autour de nous, tu n'as pas besoin de voir quelqu'un d'autre ! »
« N'oublie pas que je suis là, même si tu veux faire à ta sauce. Je t'ai à l'œil ! »
« Je m'en fous. Tu peux faire ce que tu veux ! »
« Tu m'étouffes avec ton "mon amour chéri", je n'ai même plus d'espace pour respirer dans cette maison ! »

Les modèles relationnels de dépendance voilés ou manifestés restent dominants, actifs et présents. Ils donnent lieu à des interactions la plupart du temps déséquilibrées, souvent terroristes, parfois violentes, toujours difficiles et conflictuelles. La liberté d'être ou d'agir pour l'un ou pour l'autre demeure brisée ou presque inexistante. Même si beaucoup se demandent s'ils sont encore aimés, pour la vie d'un couple, l'interrogation principale sera de savoir comment le sentiment d'amour est manifesté par les partenaires, de quelle façon il est témoigné. S'il est imposé à l'autre, exigé ou même refusé.
Il ne sera jamais assez dit sur ces violences qui s'exercent avec les meilleures intentions du monde, qui font référence à des systèmes de valeurs, à des croyances, à des certitudes, à toutes les mythologies personnelles avec lesquelles nous allons tenter de définir l'autre. Combien de temps mettrons-nous à entendre qu'une phrase aussi banale que « *fais ce que tu veux* » contient une charge de violence inouïe.

Dans une relation proche, je suis sans cesse confronté aux risques de ma liberté et aux limites de la sienne.

La peur imaginaire

« J'ai peur que tu me quittes ! »
« Je crois que tu ne m'aimes pas assez... »
« J'ai peur de ne pas être parfait, et à la hauteur que tu attends de moi pour être aimé... »
« Tu es sûr de tes sentiments envers moi ? Quand je te vois avec une femme, l'angoisse monte en moi ! »
« Il n'y a que le mariage qui me rassure de ton amour pour moi ! »
« J'ai peur que tu partes, que je te perde, que tu disparaisses un jour sans plus me donner de signe de vie et d'amour, comme mon père qui est parti lui aussi... »

Quand le terrorisme est fondé sur des peurs, se développera dans certaines relations une angoisse latente, une incertitude sur la valeur, la durée, la qualité des sentiments proposés. C'est ainsi que le doute, la méfiance, l'insécurité, tels un poison ou un acide, taraudent les certitudes, polluent les élans, dégradent les amours et pervertissent les attentes de l'être amoureux. L'imaginaire dérape et envahit la réalité. Dans certains cas, quand la peur réveille la blessure de l'abandon vécu dans l'enfance, il est possible qu'il y ait une guerre insoupçonnée qui se déclenche pour que la personne puisse avoir la preuve renouvelée de l'amour de l'autre. Des propositions obligeantes, imposées comme « preuve », sont alors lancées. Combien de mariages sont fondés et déclarés sur ce terreau de la peur imaginaire ?! Mais le plus souvent, l'inquiétude ressentie intérieurement, répétée, non comblée, va créer le terreau favorable à une plus ample emprise sur l'autre et le début de toute violence relationnelle avec ses suites. Dans ce cas, le partenaire va chercher alors toutes les failles, tous les manques, toutes les erreurs de l'autre... et bien sûr, il produit le plus souvent chez lui ou elle une attitude de découragement, un frein dans sa démarche pour continuer à l'aimer !

Lorsqu'on élimine l'impossible imagé,
ce qu'il reste, pour improbable
que cela puisse paraître,
doit nécessairement être la réalité
du possible envisageable.

Quelques conduites qui favorisent le maintien du conflit dans le couple

Les conflits naissent dans la relation de couple par ces malentendus – *mal-à-entendre* – liés à la communication. Ils peuvent être visibles ou invisibles, fréquents ou épisodiques, tenaces ou réductibles, mais ils deviennent la plupart du temps source vive de pollution et de tensions que nous ne savons pas toujours gérer. Ils peuvent se développer et s'amplifier au long des années et provoquer parfois de graves mésententes dans la tentative de vie en commun de deux êtres. Ils peuvent aussi perturber l'ensemble du réseau familial, en amont ou en aval, c'est-à-dire vers les ascendants ou les descendants.

Nous avons bien conscience que les propos et les exemples décrits ci-dessous, pris ponctuellement au niveau de la vie quotidienne, sont banals, bénins et sans conséquences catastrophiques immédiates. C'est leur répétition, leur accumulation au long des jours qui, malgré l'amour, la tendresse ou le respect mutuel, en feront des obstacles suffisamment importants pour entraîner une détérioration, une usure de la relation de couple.
L'ouvrage qui vous est proposé est une invitation ouverte à s'interroger sur la façon dont chacun entre en relation avec lui-même et avec son partenaire privilégié.

Dans la vie de couple, rares sont ceux qui sont capables de s'ouvrir et de recevoir dans l'abandon et la confiance, de se donner sans s'amoindrir, de vivre l'échange comme un partage et non comme une intrusion, un dû ou une perte. Passés les émerveillements et les accords miraculeux du temps de la rencontre, la relation amoureuse devient souvent le lieu privilégié de subtiles violences relationnelles. La pratique de certains comportements, la prise de parole dans un registre réactionnel ne font que maintenir un état d'insatisfaction mutuelle, de tensions qui ne s'évacuent pas, de conflits endémiques qui vont collaborer au mal-être, au malaise de chacun. C'est la façon dont un couple se dispute, et non la fréquence des disputes, qui permet de prédire une évolution douloureuse et souffrante. C'est la façon dont les scénarios se répètent, s'imbriquent l'un dans l'autre, qui ouvre la porte de l'agressivité montante, celle de la violence.

Il faudra se donner les moyens de découvrir, sous le béton de nos croyances, sous l'acquis de nos habitudes, sous la plage des apparences, qu'il existe des possibles d'un mieux-vivre.

La critique ironique et la banalisation

« Tu ne fais jamais ce que tu dis, tu ne me respectes pas en arrivant en retard sans me prévenir, tu ne changeras jamais, ce sont toujours tes amis qui passent en premier pour toi, tu ne penses qu'à ton petit confort, tu es vraiment un parfait égoïste... »

« Chaque fois c'est pareil, tu te casses la tête à vouloir chercher la petite bête... »

« Que-ce que tu as encore à me reprocher aujourd'hui pour te mettre à pleurnicher comme une nénette ? Tu t'es regardée au moins dans un miroir, tu as pris dix ans de plus ? »

« Oh, toi et ta philosophie de bazar. Si je suis stupide, tu n'es guère mieux, et de plus, tu es têtue ! C'est quand, que tu pourras accepter d'être plus simple, plus vraie ?! »

« Qu'est-ce que tu lis encore, la psychologie c'est des conneries qui servent à embobiner les bonnes femmes comme toi, qui croient qu'on peut tout comprendre... »

« Mais qu'est-ce que tu trouves d'intéressant à regarder ces inepties à la télé, c'est toujours la même chose, tu devrais plutôt apprendre à mieux repasser mes chemises. Ça au moins, ça te servira ! »

« De toute façon, tu ne comprends jamais rien – bien évidemment ce n'est pas ta faute ! »

Exprimer son ressenti face à un comportement n'a pas le même effet que faire un reproche, une critique sur la personne, la mettre en cause par des sarcasmes, de l'ironie ou une récupération par la banalisation ! Les jugements de valeur sont redoutables par leur pouvoir de corrosion et d'usure. Quand les phrases construites à base de

« toujours », « jamais », « tout » ou « rien » sont présentes dans le dialogue, c'est le premier signe d'un conflit ouvert ! Une sorte de conflit dans lequel celui qui se sent « dévoré », un peu sensible ou un peu fragilisé, tente de se dérober, de s'exprimer, d'inviter l'autre à un échange en partage, il se voit sans cesse rabaissé avec plus de force encore par les messages critiques qui lui sont adressés.

> *« Faire son possible pour ne pas se définir, ne pas exprimer ses ressentis, permettait à mon mari de rester dans l'insatisfaction et le reproche. Il pouvait ainsi critiquer tout ce à quoi il n'avait pas participé. Je me sentais dans l'incompréhension, dans la non-reconnaissance, dans la marche solitaire pour entretenir notre couple. C'était trop lourd à porter ! »*
>
> VF

Le rapport de force subtilement induit par le mépris

« Tu m'ennuies avec tes éternels ronchonnements de mégère ! »
« Je veux bien te sortir plus souvent, mais tu t'es vue dans le miroir ? On dirait ma boniche ! »
« Tu n'es même pas capable de remplacer une simple étagère dans la cuisine ! »
« Toi et tes idées aberrantes... une conversation avec toi me paraît si nulle ! »
« Je te l'ai déjà dit mille fois, mais t'oublies tout, ton petit cerveau ne veut pas enregistrer. »
« Je ne comprends pas que tu puisses encore prétendre m'intéresser à ce genre de questions. »
« Si tu te crois plus malin que moi, fais-le alors... »
« Tu ressembles à une putain avec ta poitrine à l'air ! Si tu veux montrer tes fesses à tout le monde tu as bien choisi ! »
« Tu as la vie belle ! Je te fais la vie belle à mes dépens ! »

En cherchant à diminuer le pouvoir de l'autre, il n'est pas possible d'en acquérir davantage.
Le mépris vise à humilier, à rabaisser l'autre, de préférence devant les autres. Mais le mépris engendre le mépris, car celui qui est ainsi méprisé se demande à un moment donné *« si l'autre n'est pas encore plus bête que lui de continuer à vivre avec, de poursuivre une relation qui lui paraît si nulle, si débile... »* Beaucoup s'imaginent qu'en tenant tête à leur partenaire, ils peuvent affirmer leur personnalité, ou qu'ils arrivent au moins à corriger le déséquilibre des pouvoirs instaurés qui fausse leur relation. Ces positions indiquent une échelle terrible de l'acharnement conjugal déclaré !

Toute conduite ponctuelle qui se transforme en conduite générale prépare le terrain de la violence conjugale !

« Quand enfin j'ai pu maîtriser ma colère, j'ai constaté avec déplaisir que tous les efforts que j'avais pu faire pour amener Paul à me traiter plus décemment, en m'opposant à ses attaques, s'étaient soldés par un échec. Mes attitudes de rébellion ne faisaient en réalité que nourrir et fortifier l'agressivité de mon conjoint. Mes cris poussés, mes crises de nerfs, mes réponses du tac au tac, signifiaient clairement que j'étais dépassée, réduite à l'impuissance, et que par mes comportements je répondais à son désir de me mépriser, de m'enfermer dans une sorte de suprématie qui lui appartenait. »

GL

L'intrusion par le questionnement

« Pourquoi as-tu besoin d'être grossier avec moi, de m'humilier quand nous sommes avec les amis ? »
« Je ne comprends pas, pourquoi tu me frappes, après tous ces sacrifices que j'ai faits pour nous, pour toi ? Comment on en est arrivé là après autant d'années de mariage ! »
« Pourquoi tu es comme ça avec moi ? Je ne t'ai jamais refusé même si je n'avais pas toujours envie de faire l'amour avec toi. »
« Pourquoi as-tu besoin de raconter notre vie intime à tes parents ? Ta mère m'a toujours traité comme un intrus dans votre famille. »
« Tu t'en prends toujours à moi. Si tu n'es plus content de notre vie ensemble, pourquoi tu ne me quittes pas ? Tu n'en as pas marre de nos disputes ?! »
« Pourquoi tu m'obliges à toutes sortes de choses si tu ne m'aimes plus ? »
« Tu crois que tu peux m'obliger à répondre à tes questions imbéciles ? J'ai passé l'âge de rendre compte pour tout ce que je fais ! »

Le mode questionnement ou questions-réponses souvent utilisé dans le couple entraîne des blocages, des déviations de la demande réelle et entretient la non-écoute.
Dans le questionnement du « Pourquoi ? », cette recherche est sans fin et sans issue, avec un risque fréquent : la répétition dans cette « dynamique » relationnelle encore plus accentuée. Centrer toute son attention sur l'autre – essayer de comprendre ses attitudes, se préoccuper de l'explication qu'il donnera ou ne donnera pas pour expliciter son comportement – ne permet pas de penser à soi. Toutes les énergies consommées par la personne

dans cette recherche du pourquoi (« *Oui, pourquoi fait-il cela ?* ») ne seront pas utilisées à sa propre disposition pour commencer, enfin, à faire quelque chose pour soi-même. Pouvoir énoncer une demande en des termes non plaintifs, non accusatoires suppose d'avoir déjà clarifié beaucoup de choses dans sa relation à soi-même.
Dans toute situation, dans toute relation, nous ne sommes responsables que pour nous-mêmes. Le seul comportement que nous pouvons changer, c'est le nôtre.

> *« Pourquoi devrais-je me comporter différemment alors que si Didier cessait de se comporter comme un mufle tous nos problèmes conjugaux seraient résolus ? »*
>
> BS

La violation de l'intimité et du secret partagé

« Qui sera celui qui va te prendre avec ta maladie,
tu as pensé à ça ? »
« On dirait une chienne en chaleur chaque fois
que tu me réclames ! »
« Fils de bâtard, tu perpétues tes rencontres
sans aucun respect de notre vie de couple ! »
« Tu as oublié quand je t'ai sortie du pétrin ?
Tes filles ne savent pas encore qui tu es vraiment ?! »
« J'ai bien vu tous ces SMS anodins sur ton téléphone
portable, tu me crois idiote ? »
« Tes lettres et toutes les photos de ton ex…
je les ai brûlées ! »
« Si tu savais comment ils ont rigolé
quand je leur ai dit… »

Parmi les besoins relationnels fondamentaux, outre le besoin de se dire et d'être entendu, d'être reconnu et d'être valorisé, le besoin d'intimité est central. Le non-respect de l'intimité de l'autre violente le besoin propre de l'intimité pour la construction du couple. Vivre en couple, c'est partager une double intimité : l'intimité commune aux deux protagonistes d'un couple, intimité qui permet de créer des liens avec l'extérieur et de tisser son propre réseau relationnel, et l'intimité personnelle qui répond au besoin d'avoir son espace à soi pour se ressourcer, se rencontrer, se sentir exister en toute liberté d'être !

> *« J'ai pu lui témoigner des aspects de mon passé, des choses que je n'avais osé dire à personne d'autre, même pas à mes parents. Chaque fois il m'écoutait avec les yeux grands ouverts, sans m'interrompre, sans faire de commentaire, sans poser des jugements.*

J'ai trouvé ça réconfortant. Par sa présence, il répondait à mon besoin de me sentir en sécurité. Je l'ai accepté inconditionnellement, sans me soucier d'une outrance quand sous l'angle de la protection, lors de la mise à jour des logiciels sur l'ordinateur, il en profitait pour vérifier mes mails, et parfois même il décidait d'effacer certains messages perçus par lui comme infestés, menaçants ou sans trop d'importance. Après 14 ans de vie commune et la démarche de divorce en cours (m'accusant d'infidélité conjugale), je me sens profondément trahie. C'est d'une violence terrible le fait d'apprendre de la bouche de nos meilleurs amis des épisodes de ma vie. Il était le seul à savoir... et pourtant !»

ID

L'appui sur les menaces

« J'ai envie de tuer ton chien, j'en ai marre,
tu es toute la journée collée à lui ! »
« Tu as vu comme ça fait mal, je peux aller
encore plus loin... sans que personne ne le sache ! »
« Tu dois m'obéir, tu es devenue ma femme !
Tu risques de jouer avec le feu,
tu ne me connais pas vraiment ! »
« Aujourd'hui ce sont les verres, demain,
c'est ton bras que je casserai !...
Sans que ta famille le sache ! »
« Tu te crois plus fort, tu verras de quoi je suis capable ! »
« Si tu oses me quitter, tu ne verras plus les enfants ! »

Une des manières les plus redoutables (car souvent très efficace, si volontairement faite !) d'entretenir le conflit et de violenter l'autre est la menace. Bien souvent cette conduite cruelle et abusive est motivée par des références malignes nichées dans l'inconscient, par des peurs de substitution ou encore par le besoin vital de s'affirmer... par sa domination.
Dans tout échange il est important d'apprendre à différencier ce qui est dit de ce qui est fait, de ne pas prendre les mots... pour des actes. Les intentions énoncées ou les réactions produites ne sont pas toujours des choix réels, elles sont plutôt les cris d'une souffrance lointaine. Il s'avère parfois que leur impact fait beaucoup plus de dégâts que l'acte réellement accompli.

« Avant, on travaillait dans le même bâtiment au service de l'armée. Quand je rentrais tard de mes missions, quand, pour une raison ou une autre, je n'étais pas là quand lui avait besoin, je recevais des avertissements de sa part. Il mentionnait chaque fois qu'il me quitterait sans aucun droit de garde de nos enfants. Pendant des

années j'ai tenu bon face à ses menaces. Je ne vous dis pas toutes les injures qu'on se passait, toutes les accusations qu'on se jetait mutuellement ! Il m'a fallu beaucoup de courage (il avait un grade important au sein de notre institution) pour oser me positionner autrement, sortir de cet état de soumission. Aujourd'hui, il a quitté le logement familial par procuration judiciaire, sanctionné et mis à distance de nous. »

MN

L'escroquerie par la comparaison

« Tous les couples traversent des périodes plus ou moins difficiles, nous ne sommes pas les seuls à nous disputer ! »

« Quand je regarde autour, je me dis que tu as de la chance d'avoir un mari comme moi ! »

« Tu n'es pas mieux que ta mère ! Au moins, elle a su garder un mari auprès d'elle. »

« Nous ne sommes pas à plaindre après vingt ans de mariage. Tu as bien vu dans quel état sont ta sœur et son chéri !? »

« Je te signale que les voisins ne sont pas le meilleur exemple à prendre, mais peut-être le pire ! Ils reçoivent jamais de copains chez eux tellement ils ont peur de se montrer. »

« C'était mieux avec ton ex qui te fermait dans les toilettes pour te frapper ? Au moins, avec moi tu n'as rien à craindre ! »

« Depuis que tu fréquentes cette femme, en disant que c'est ta meilleure amie, tu n'es plus la même, tu as la tête qui tourne mal. Elle est bien seule aujourd'hui, son mari l'a mise à la porte… »

« Tu veux qu'on vive comme tes parents ? Ils n'ont jamais osé se dire les choses en face ! »

« Tu es comme ta mère : râler pour un rien et incapable de varier la petite routine quotidienne, de crainte de ce que les autres vont dire ! »

Le piège de la comparaison rend aveugle, sourd, indisponible pour mieux cerner ce qui vient de l'autre, ou ce qui nous habite réellement. Il entretient les rumeurs, les non-dits et les jugements de valeur pour faire l'économie d'un regard sur son propre vécu, sur son propre ressenti.

« Lorsque je ne parvenais pas à me comporter selon ses indications, ses désirs, ses attentes, il m'apportait en exemple les autres : la vie de couple de ses parents (héroïquement sauvés de l'indigestion d'un divorce), celle de ses collègues de travail (plus particulièrement de son supérieur auquel sa femme obéissait sans aucun effort), de son proche ami (qui avait trouvé l'amour parfait). C'était bien évidemment ma faute si nos soirées étaient foutues, si nos amis s'étaient éloignés, si notre relation n'arrivait pas à changer ! »

DS

La pratique à l'outrance de la dévalorisation

« Je te croyais plus intelligente, je ne pensais pas que tu te rabaisserais à ça ! »
« Tu n'es qu'un menteur de première classe ! »
« L'air de rien, tu es une vraie pute ! »
« Tu sais rien faire, même pas capable de jouir ! »
« C'est toujours pareil avec toi, et tes crises, une malade mentale ! »
« Têtu comme une mule, tu ne changeras jamais ! »
« De toute façon, qu'importe ce que je dis, tu me crois jamais. Tu es jalouse, c'est tout ! »
« T'es folle… t'es nulle… Tu n'es qu'une arriérée, tu ne comprends jamais rien aux hommes, les vrais ! »

Pour consolider l'emprise sur leur partenaire, certains hommes, sans recourir à des tactiques d'intimidation, plutôt qu'élever le ton, abusent peu à peu de la résistance morale de leur compagne en la submergeant de critiques et de reproches incessants. Ce mode d'agression psychologique est extrêmement perfide, même si parfois il prend l'apparence d'une tentative bien intentionnée d'amener l'autre à changer pour son plus grand bien.

La répétition de la dévalorisation, de tous ces comportements blessants qui semblent sans fin, provoque l'épuisement. Il n'y a pas de trêves, de moments d'apaisement qui permettraient de se respecter, d'espoir qui inviterait à penser qu'il s'agissait d'un mouvement d'humeur ou d'une réaction émotionnelle transitoire… Il s'agit bien d'un mode volontairement répétitif, d'un harcèlement systématisé avec le désir de diminuer l'autre, de la déposséder de sa confiance, de la détruire, même.

« J'adore regarder les vieux films, mais pour lui ce ne sont que des histoires à l'eau de rose. Il me dit que j'ai rien dans la tête, que je ne lis pas ce qu'il faut, que je ne l'aide pas, que je ne le soutiens pas... Un jour, il m'a tellement harcelée que j'ai fondu en larmes. J'ai beau faire des efforts pour être comme il le souhaite, rien n'y fait. Jamais je ne trouverai grâce à ses yeux. Je perds mon espoir, mais surtout je perds la confiance en moi, je commence à douter de moi-même, de ma propre valeur. »

JL

L'emprise par le chantage

« Si je découvrais que tu as une autre relation, avec un autre homme, j'en mourrais sûrement... Mais après m'être vengé ! »

« Si tu étais plus docile, je pourrais m'engager davantage avec toi ! »

« Je ne supporterais pas de savoir que tu pars pour travailler à l'extérieur. La place d'une femme est à la maison, auprès de son mari et de ses enfants. Si toutes les femmes s'occupaient de leurs enfants, on n'aurait pas besoin de garderies ! »

« Si tu m'aimais vraiment, tu aurais envie de moi chaque soir ! »

« Tu as accepté mes conditions, maintenant il faut obéir aux règles si tu veux garder une vie tranquille avec moi ! »

« Ne me dis pas quand même que ton amie est plus importante que nous deux, tu me rends fou ! Je ne tolérerai plus qu'elle vienne chez nous ! »

Le chantage est bien connu comme une tentative d'imposer une influence sur le comportement de l'autre, sur ses désirs, sur ses choix. C'est une forme de manipulation qui consiste à faire en sorte que l'autre agisse et se comporte selon les intérêts dictés et contre sa volonté. Le plus répandu dans les relations proches est le chantage affectif. Pour les usagers du chantage, la soumission de l'autre est une démonstration de loyauté envers eux.

Le chantage ne fonctionne que si l'autre protagoniste de la relation de couple l'entretient : en se soumettant à la menace énoncée et en l'acceptant !

« Rien que de me souvenir de la manière dont j'ai réagi durant ces années de vie commune, j'en suis malade. J'étais totalement anéantie, incapable de surmonter

cette situation. Je travaillais et je faisais fonctionner deux boutiques, je m'occupais de l'éducation de notre fille, j'avais également en charge sa mère âgée. C'était moi qui faisais vivre tout le monde à la maison, et pourtant, j'étais bel et bien dépendante de Bruno. Quand il s'emportait contre moi, me faisant part de ses exigences ou du fait que je n'étais pas assez tendre avec lui, que je ne l'aimais plus, je me mettais à pleurer comme une gamine. Il arrivait à anéantir du même coup le sentiment que j'avais d'être compétente et efficace. »

SA

La tentative de la conduite défensive

« J'ai tout essayé, mais je suis la seule à m'occuper de nos enfants. Comment faire mieux quand toi, de ton côté, tu es toujours absent ! »

« Aujourd'hui tu me reproches d'avoir pris ma mère chez nous pour m'occuper d'elle, mais as-tu oublié que c'est toi qui m'as proposé cette solution ?! »

« C'est vrai que je ne comprends pas tout ce qui concerne les placements en bourse, les finances, les assurances, mais je peux apprendre à tes côtés si tu as plus de temps à m'accorder. »

« C'est bien moi qui ai fait la demande d'un emprunt pour acheter notre maison, je tombe des nues que tu puisses dire à tes amis que je me suis marié avec toi seulement pour ton argent ? »

« Depuis qu'on est ensemble, je ne prends pas une décision sans te demander ton accord, tu ne peux pas dire le contraire ! Et encore mieux : quand toi tu as envie, je le fais, j'accepte ce que toi tu veux ! »

« Je savais dès le départ qu'il y avait une autre femme. Je ne t'ai jamais posé de questions là-dessus. Comment peux-tu faire le jaloux aujourd'hui quand pendant des années j'ai toléré cette liaison que tu as eue, pour ne pas détruire notre couple ?! »

Devant les reproches, les attaques, les critiques ou les mises en cause de l'autre, il y a souvent la tentation d'une attitude défensive. Mais celui qui se défend, en se justifiant pour faire la preuve que c'est l'autre qui a tort, ne sait pas qu'il entretient ainsi le conflit. En voulant montrer que son partenaire se trompe, en voulant marquer des points, il ne fait que l'encourager à continuer sa maltraitance, il relance les accusations qui deviendront de plus en plus extrêmes.

> *« Lors de nos années de mariage, j'ai cru que par mon attitude je respectais un engagement signé de mutuel accord pour nous assurer une sécurité affective. Je réalise aujourd'hui que pour moi la sécurité affective dépendait de son amour pour moi. Donc, je restais soumise pour pouvoir m'assurer de cet amour. Alors que pour lui, respecter sa sécurité affective se traduisait par "une domination absolue" pour me garder à ses côtés. »*
>
> LM

Le passage de la culpabilité à la culpabilisation

« C'est bien toi qui m'as demandé en mariage, tu avais peur de me perdre ! »
« Tu veux faire du mal à ta fille, hein, en criant ton désir pour l'autre ? Après toutes ces années que j'ai sacrifiées pour toi ? »
« Oui, je t'ai donné cette gifle, mais c'est toi qui m'as provoqué, tu m'avais énervé ! »
« Tu ne dois pas me résister quand je bois, tu sais comment je suis quand je suis défoncé ! »
« Après tout ce que j'ai fait pour toi, c'est comme ça que tu me remercies ? »
« C'est à cause de toi que je ne sors plus, je ne fais plus rien de ce qui me passionne, de ce qui me plaît. »

Dans les conflits ouverts, le plus souvent celui qui agresse a du mal à reconnaître qu'il a tort. Il préfère inverser la culpabilité en transférant la responsabilité de sa violence sur l'autre. C'est une des violences les plus pernicieuses dans la relation de couple. Elle constitue, en particulier dans certaines relations affectives, un véritable poison qui sera distillé et empoisonnera durablement une personne et tous les êtres qui en sont l'objet. La culpabilisation vise à maintenir la dépendance. Elle ne fait que retarder les possibilités d'affirmation ou les tentatives de positionnement de celui qui est l'objet d'un acte de culpabilisation ! À ne pas confondre : la culpabilité (sentiment propre à la personne suite à l'évaluation de ses choix) et la culpabilisation (ressenti produit par l'accusation d'autrui). Différencier **l'erreur de la faute** permet de ne pas cultiver la culpabilisation.
Dans la plupart des situations conflictuelles, l'intraconflit (propre à soi, intérieurement) se déplace sur autrui. La

personne (objet) devient en quelque sorte une surface de projection des sentiments plus ou moins négatifs, d'un rejet, voire de l'agressivité qui va jusqu'à la violence parfois.

> *« Quand je désobéissais à ses ordres, il me traitait d'égoïste, d'irresponsable. J'avais trente ans et je n'avais jamais été mariée, me rappelait-il, alors, qu'est-ce que je pouvais bien savoir du partage et de la vie à deux ? Lui, il avait été marié et il savait parfaitement de quoi il parlait. Et je me disais à moi-même qu'il avait peut-être raison, que j'étais sans doute égoïste et sans aucun sens de la responsabilisation. À partir de ce moment-là, je me suis mise à douter de moi-même ! »*
>
> GG

L'attitude de fuite par l'ignorance et la dérobade

« Tu peux parler jusqu'à demain,
tout ça entre par une oreille et ça ressort par l'autre. »
« C'est toujours comme ça avec toi,
demain sera un autre jour, j'espère plus calme. »
« Tu sais bien que ça ne sert à rien de parler,
on va s'énerver inutilement… »
« Je sais très bien ce que tu vas encore me dire, tu n'es jamais contente, tu ne sais pas changer de disque. »
« Je ne comprends pas de quoi tu parles ?! »
« De toute façon je ne serai pas entendue… »

L'un des partenaires, souvent l'homme, s'enferme dans le silence. Il fuit dans l'action, s'enferme dans son bureau ou quitte la maison quand l'autre tente de le mettre en cause. Cette attitude blesse encore plus celui qui voudrait non seulement parler, mais surtout être entendu, qui voudrait aussi que l'autre puisse exprimer ce qu'il ressent, éprouve, pense sur tel ou tel problème.
Quand les différences ne se développent ni en incohérence ni en discordance, dans leur silence elles entretiennent le conflit et engrangent la crise, pour ouvrir la porte à la violence des non-dits. Si la violence est un cycle déclenché le plus souvent par des peurs, elle peut être alimentée ou restimulée par nos incompréhensions et les projections sur l'autre.

« À mes questions, je n'obtenais que des réponses minimalistes sur lesquelles je ne pouvais rien déposer ou agrandir pour mieux partager avec lui. J'ai vécu quatre ans de ma vie avec une espèce de fantôme, qui évitait de s'engager, de prendre une décision, qui ne m'a rien donné en échange, sinon l'espoir fou que je nourrissais par moi-même, toute seule, qu'un jour il changerait ! »

SD

La mise en cause de parents de l'agresseur (ou de la victime)

« C'est comme ça que ta mère t'a appris
à te comporter avec ton mari ?
Elle en sait des choses.
C'est pour ça que ton père l'a quittée ! »
« Tu n'es que la réplique de ton père
– un macho qui fait que pour soi ! »
« Dans ma famille l'éducation des enfants
est importante. Je vois bien combien tu es
en dehors de tout principe d'éducation
à la politesse et au respect de l'autre ! »
« T'es un clochard, ta mère n'a même pas
voulu de toi ! Elle a préféré vivre sa vie de femme
et toi tu fais comme elle aujourd'hui
– tu préfères vivre ta vie d'homme
sans te soucier de ta famille ! »
« C'est en s'identifiant à son père qu'il a appris
à tyranniser et à brutaliser les autres !
Incluse, sa femme... »

Les reproches exprimés ainsi sont tout autant des agressions quand ils s'abritent derrière la famille ou les traditions de famille, sans tenir compte de la personne réelle qui est devant nous avec ses ressources, ses besoins et ses aspirations propres. Il y a là l'engagement et la charge de la responsabilisation de la part de chaque partenaire dans la relation de couple.
Ces énergies bloquées dans les reproches, dans la mise en cause du comportement d'autrui ne seront pas investies dans une remise en cause de soi-même ou au profit de ses propres engagements dans l'épanouissement personnel.

« Je me souviens, on venait de m'opérer et je gardais la dépendance au lit pour mes soins. Le matin de Noël, les enfants (à l'époque de 6 ans et 8 ans) se sont précipités tôt le matin, en bas dans le salon, pour ouvrir leurs cadeaux. Leur père, Olivier, qui passait pour la première fois les fêtes de Noël avec nous, s'en est pris à eux, en les accusant d'égoïstes, de ne jamais avoir assez, etc. Sa crise de colère a duré toute la journée. De mon lit, dans la chambre en haut, je l'entendais hurler qu'il ne monterait pas me voir, qu'il ne m'adresserait pas la parole avant que j'apprenne à élever convenablement ces maudits gamins. Et comme auparavant, dans chaque situation de conflit avec moi-même, il continuait à s'emporter à propos de mes parents. Qui m'a foutu une mère pareille ? Une mère même pas capable de dresser des animaux mal dégrossis ? Et la discipline ? Et l'obéissance ? Noël était gâché pour tout le monde. Notre vie de famille est aujourd'hui brisée. Son agressivité est devenue source de violences physiques sur ses enfants, pour les dominer. »

JT

Le jeu des pouvoirs et des sentiments

« Ne sois pas triste, une gifle c'est rien,
ça m'a échappé ; viens je te sors au restaurant... »
« Je t'aime, moi, je ne veux pas qu'un autre
te prenne, c'est pour ça que je t'interdis
d'aller à tes cours du soir ! »
« Avant tu étais toute à moi,
je ne comprends plus tes refus.
Tu ne m'aimes plus ? Tu veux que je me fâche ?
C'est chez moi ici ! »
« Viens, c'est toi que je veux et pas tes caprices.
Regarde le beau cadeau que j'ai pour toi ! »
« Oublie, c'est une boutade,
je n'ai rien dit de mal. Tu es ma princesse,
je ne peux pas te faire du mal, tu le sais ! »
« Tu n'as pas besoin de travailler, de faire des études,
ça sert à quoi... je suis là, et je t'aime ! »

C'est le jeu de « je t'aime, moi non plus ». Un ensemble fait de manifestations verbales, qui se présentent comme évidentes, normales pour les états émotionnels traversés par l'un des partenaires, mais qui vont sanctionner l'autre, voire le punir, en refusant ses avances et demandes (sexuelles le plus souvent !). Céder et se réconcilier tout de suite après le conflit, pour montrer sa bonne volonté, fait croître les possibles de la manipulation (et cela, en toute réciprocité !) et **l'illusion d'un compromis avec soi-même**. Retrouver l'approche d'une lune de miel, qui est une tentative régressive de revenir à la situation d'avant la crise, avec le désir de retourner au paradis perdu, de retrouver un partenaire parfait, gentil, fiable... tel que vous l'avez connu et apprécié, tout au début de votre relation, c'est perdu d'avance.

« Totalement sous son charme, au début de notre vie en commun, je n'ai pas perçu ses demandes (attirance sexuelle forte) déplacées. On était dans le même désir-plaisir. C'est vrai qu'il avait une personnalité assez marquée par ses attitudes colériques, mais il savait très vite compenser ces maladresses. Lorsque nos liens affectifs se sont suffisamment consolidés, ses demandes sont devenues de vraies exigences. Ce qui m'a alertée, un incident insignifiant en apparence, c'est son comportement à la veille de nos vacances quand le soir tard, en train de préparer encore nos bagages, Marc est sorti de ses gonds et il exigeait que j'aille me coucher. Il s'était mis à hurler et à me traiter de sale putain égoïste, en claquant la porte de la chambre avec une telle violence que toute la maison a résonné. Jamais je ne l'avais vu dans une telle colère. Si durant des années j'ai attribué ses gestes violents aux remue-ménages du travail, aux vacances, au stress et à des choses de ce genre, cette fois-ci j'ai bien remarqué que la gentillesse de son comportement s'était transformée soudain en fureur. »

FL

La collaboration par l'impuissance

« Tu es maladroit. Tu ne sais pas t'y prendre avec les enfants – chaque fois que notre bébé pleure, tu te précipites pour lui donner le biberon ! »

« Quand tu me demandes si tu peux m'aider, je sens que tu fais cela par devoir, cela ne m'intéresse pas. Cela vient trop tard, d'ailleurs tu me déranges quand tu es toujours dans mes pieds ! »

« Je te demanderais bien de faire cette course pour moi, mais tu vas encore trouver le moyen de te tromper ! »

« Je n'ai plus envie de faire ce voyage, puisque tu m'as dit que tu n'aimais pas l'Italie ! »

« Je me suis mis à rouler comme un fou sur l'autoroute, avec l'envie de me tuer, juste pour plus l'entendre me crier dessus. »

« Le plus terrible c'est que je ne me supportais plus. J'avais le sentiment d'être une lavette sans aucune ressource vis-à-vis de cette femme. Malgré la promesse que je me suis faite, je me méfiais de ma violence, je rêvais de sa mort ! »

Dans cette dynamique, bien spécifique, c'est un mécanisme pervers qui se met en place, avec deux violences : d'un côté, **une violence visible**, réactionnelle, parfois puérile et, la plupart du temps, dérisoire et pathétique, et de l'autre côté, **une violence indirecte**, subtile, qui ne laisse pas de traces visibles, construite à base de dévalorisation, de culpabilisation, de mise en cause non fondée, injuste. Une violence qui se structure autour d'un rapport de forces, dans lequel celui qui aliène se présente comme la victime.
Une violence fondée essentiellement autour de doubles messages, dans lesquels il n'est pas possible de satisfaire

l'un sans déclencher une insatisfaction chez l'autre ; d'attitudes, de comportements qui ne peuvent être nommés ou reconnus comme violents, car ils sont faits d'une foultitude de signes sur lesquels l'autre n'a aucune prise. Et chez l'autre, une violence infantile qui s'exprime certes par des actes anachroniques et inadaptés, mais révélant surtout le désarroi, l'impuissance, la tentation de la folie face à des messages paradoxaux et contradictoires.

La répétition journalière de ces comportements provoque chez celui qui en est l'objet, outre un sentiment profond d'impuissance, un mécanisme de déni qui le renvoie au néant, à l'inexistence. La violence qu'il exprime sur la personne (rarement), sur les objets (plus fréquemment), et qui le montre comme étant « le violent » est en fait une tentative désespérée pour survivre, exister, se manifester comme étant encore doté d'un indice de pouvoir. Pouvoir qui sera présenté par l'autre comme destructeur, bien sûr.

> *« À cette époque nous ne pouvions mettre en commun que nos frustrations, nos incompréhensions - moi dans ma tentative d'être enfin compris, elle dans ses efforts surhumains pour prouver qu'elle pouvait tout gérer, inclus le fait de me comprendre... Et c'était sans fin... »*
>
> NP

L'autoviolence et le sabotage personnel dans la relation de couple

Au-delà des violences plus ou moins agressantes ou destructrices, reçues, engrangées tout au long d'une vie, les violences les plus terribles, car souvent les plus durables, sont de l'ordre de l'autoviolence. Ce sont celles que nous nous faisons le plus souvent à nous-mêmes, que nous nous infligeons avec plus ou moins de conscience mais surtout avec une constance redoutable.

Les violences extérieures qu'il nous arrive de croiser et de rencontrer dans notre chair sont pour la plupart circonstancielles, limitées dans le temps. Elles surgissent dans l'imprévisible d'une rencontre ou d'un événement et peuvent laisser des traces et des cicatrices amères, parfois douloureuses ou indélébiles. Toute violence ne se transforme pas en blessure, mais peut réveiller des blessures primitives, originelles, celles de notre enfance qui se remettent alors à saigner.

Ainsi des événements minimes, qui surgissent à un moment donné, peuvent réactiver, restimuler des blessures anciennes en sommeil et ébranler fortement notre équilibre interne ou nos positions de vie.

Ce que nous voudrons rappeler ici, c'est notre habileté consciente et quelquefois inconsciente à entretenir, voire à cultiver, avec parfois beaucoup de créativité et de ténacité, l'impact en nous de violences reçues. Car ce n'est pas tout ce qui nous arrive dont il sera question ici, mais ce que nous faisons de ce qui nous arrive.

Nous sommes capables d'utiliser une infinitude de modalités, de développer de multiples stratégies pour entretenir et accrocher à différents moments de notre existence diverses autoviolences. Comme pour la plupart des autosaboteurs qui nous taraudent, il ne suffit pas de savoir comment ils se manifestent, il faut savoir écouter pour entendre la mission qu'ils remplissent, la fonction qui est la leur dans notre relation au monde !

Cultiver le ressentiment

« J'ai bien senti que tu ne m'aimais plus en me faisant un cadeau pareil ! »

« Tu n'arriveras jamais à rien, tu n'as aucune volonté, on ne peut pas te faire confiance... me disait mon père, et aujourd'hui, toi ! »

« Je crois qu'il avait raison, avec le caractère que j'ai, je ne serai jamais aimé. »

« Dans les échanges avec ma mère j'ai toujours entendu qu'il faut respecter son homme, sinon il va chercher ailleurs ! C'est ce que je fais ! »

Le ressentiment conjugal est lié soit à des demandes implicites, qui vont de soi... et qui font l'objet d'une communication indirecte, en dehors de la présence de la personne concernée, soit au souvenir d'un événement dérangeant, frustrant ou traumatique, d'une violence verbale ou morale vécue.

L'enfance est parsemée d'incompréhensions, d'injustices ou d'humiliations qui au-delà de l'impact circonstanciel peuvent laisser des traces profondes dans le développement de l'enfant et sa construction dans l'avenir. Ainsi chaque fois que nous serons en difficulté, en particulier dans le domaine de l'amour, c'est tout un ensemble de ruminations, de rancœurs ou de sentiments négatifs qui sont sans cesse réactualisés. Ces frustrations restées dans les silences, dans les soumissions, dans les pseudo-acceptations et les fausses révoltes, dans les velléités de changement aussi, surgissent (trop tard) dans la relation de couple pour la corroder, la dévitaliser et parfois la tuer.

Dans la plupart des cas, au-delà des causes, il conviendra de rechercher le sens et d'établir des reliances entre les événements de nos vies.

« J'ai vécu avec lui dans la crainte qu'il me quitte car je n'avais pas un parcours universitaire comme lui. Aujourd'hui je sais que j'ai entretenu une relation de domination comme dans mon enfance… J'ai été souvent humiliée par mon père, qui trouvait que je ne comprenais pas assez vite ce qui lui semblait tellement évident… »

LM

Vivre dans la culture du non-dit

« Comment dire à mon époux que j'ai subi un inceste dans mon enfance... »

« Chaque fois que mon père rentrait ivre, j'entendais ma mère crier de douleur, c'est pour cela que je ne supporte pas que mon mari m'approche quand il boit. »

« Quand j'ai osé dire à ma mère tout ce que mon oncle m'a fait, elle m'a traitée de folle. Elle m'a interdit d'en parler à mon père, ou à qui que ce soit ! »

« Tu aimes ça ! Tu l'as cherché... ma sœur rigolait et criait fort alors que je me débattais pour échapper à cet homme qui me harcelait lors de notre sortie entre filles ! Non, je n'aime pas être prise en otage, par la force, me soumettre aux envies de l'autre ! »

« Quand son désir se réveillait, mon père venait s'exhiber dans notre chambre, avant d'aller voir notre mère ; mon frère et moi savions que c'était une coutume secrète dans notre famille ! »

Les violences les plus terribles seront celles retenues dans le silence, dans les non-dits et parfois dans le refoulement... de souvenirs pénibles. C'est le cas des violences sexuelles déposées de façon précoce dans le corps d'une petite fille ou d'un petit garçon et qui resteront enfermées en elle ou en lui, durant des années, avec des sentiments parasitaires autour de la perception « *d'avoir été souillée* », « *d'être anormale* », « *de l'avoir mérité* ».

Sortir du silence, ce sera non seulement oser mettre des mots, mais également mettre en œuvre une démarche visant à restituer symboliquement la violence reçue initialement.

« Jeremy n'a pas osé me dire… Je l'ai découvert tout simplement le deuxième jour de participation à un stage de développement personnel. Mis en confiance par l'animateur, il a exprimé la douloureuse épreuve. Le secret bien gardé en silence. Tellement bien gardé que parfois il devenait amnésique ! Depuis l'âge de dix ans et jusqu'à son départ de la maison familiale (départ provoqué très tôt par ses parents) il subissait des actes d'attouchement de la part de son oncle. J'ai senti la terre s'écouler sous mes pieds… Autant de maltraitance envers moi, sa compagne, quand j'ai évoqué le désir de tendresse à partager avec lui. Autant de disputes avec sa fille, pour un rien, seulement, qui réveillait en lui cette blessure ! Notre divorce est prononcé maintenant, mais nous sommes deux adultes, un enfant et… un ex-enfant, à en souffrir, blessés par le non-dit et par ces actes jamais pris en considération par sa famille, par ses proches. »

PM

Côtoyer l'autoculpabilisation

« Je suis sûre que c'est ma demande de divorce qui lui a fait perdre son travail ; je n'ai pas su le protéger… ! »

« Si je n'étais pas partie en claquant la porte, mes enfants auraient pu vivre encore dans la même maison avec leur père… »

« Comme je ne l'ai jamais encouragé, il a perdu toute sa confiance en lui, en nous deux ! »

« Si je l'avais appelé plus tôt, en le suppliant de revenir, il n'aurait pas eu à subir cette peine ! »

« C'est ma faute, je ne devrais pas l'inciter par mes reproches, même si ça me fait du mal ! »

« Cela ne devait certainement pas être aussi affreux que ça. Je dois exagérer encore ! »

« C'est sûrement moi qui entretiens cette atmosphère tendue dans notre couple ; je m'en veux, et je ne sais pas comment réparer tout cela ! »

Il y a autoculpabilisation quand je m'attribue la responsabilité du malheur, du comportement ou du désarroi de l'autre. Ainsi je peux m'attribuer la responsabilité de la maladie, de la souffrance ou de la mort de quelqu'un en étant persuadé que « tout cela est de ma faute ! »
L'autoculpabilisation nourrit ainsi l'autoviolence sur nous-mêmes et réactive en permanence le sentiment de disqualification et de doute sur soi.

« C'est seulement aujourd'hui, après presque un an de thérapie, que je me sens sereine et à ma place, me respectant dans mon choix de vie. Il reste encore en moi une blessure qui est en veille chaque fois que je vois notre fille, mère de deux enfants – c'est la "maman" qui est en elle, qui me fait me sentir coupable de la décision prise de divorcer de leur père. Pendant des mois je me suis culpabilisée pour mon comportement

dans le couple, pour mes remarques envers cet homme irresponsable de ses engagements de famille, avec la croyance que mes demandes répétées étaient plutôt comme une sorte d'exigence d'une femme trompée et violentée par son mari. Il me paraissait que toute la maison était inondée de lumière, quand Jacques était là, que notre fils travaillait mieux à l'école, que notre fille téléphonait plus souvent. J'ai toujours cru que c'était seulement ma faute, car je ne me sentais pas à ma place ! En fait, toutes ces années de mariage, j'ai entretenu en moi une double souffrance : celle de la soumission en tant qu'épouse, et celle de l'autoculpabilité que je m'infligeais. »

FR

Entretenir la répression imaginaire

« Il m'a tellement fait souffrir qu'il va me tuer si je le quitte ! »
« Je ne serai jamais pardonnée par mes parents si j'ose quitter mon mari ! Dans notre famille, personne n'a encore divorcé ! »
« J'aurai tous les reproches de mes enfants si je divorce de leur père ! Je ne peux pas leur faire de la peine en leur disant la vérité ! »
« Ils vont tous se moquer de moi si je porte plainte pour viol de la part de mon époux ! »
« Il sera malheureux de vivre tout seul, sans ses enfants, sans moi… ! Je ne peux pas l'abandonner maintenant ! »
« Que diront-ils de moi, leur supérieure, s'ils apprennent qu'à la maison je suis une femme battue ? Que je suis faible, que je ne sais pas gérer, qu'ils n'ont plus à me respecter eux non plus ? »

Cette production imaginaire alimente nos croyances, nos peurs, ou nos désirs. Elle conditionne une partie de notre relation à autrui par la projection sur l'autre d'une partie de cet imaginaire. Il y a également les ravages de la répression imaginaire, que nous exerçons contre nous-mêmes, en anticipant les conséquences les plus négatives possibles d'un changement.
La répression imaginaire passe souvent par un désir déguisé de toute-puissance.
Toute décision de changement, engageant l'existence, est beaucoup plus difficile à prendre quand elle a été d'abord pensée, imaginée autrement.
Est-il possible de ne pas penser à la place de l'autre, mais penser pour soi, en respectant à la fois son propre désir et les limites d'une réalité à vivre ?

« Penser à la place de l'autre, prévoir ce qui lui ferait plaisir ou de la peine, anticiper dans ma tête tous les risques d'un échange avec lui, s'imaginer ce que les autres allaient dire à notre égard quand ils nous voyaient distants, et toute cette riche imagination que je devais apprivoiser pour me protéger ou plutôt me cacher derrière un leurre, aujourd'hui, oui, une fois libérée, je peux affirmer, convaincue, que cela occupe la vie à temps plein ! »

ML

Pratiques la victimisation et la plainte

« Tout ce qu'il fera sera vain, ne servira à rien... ! »
« De toute façon tout le monde est contre moi,
je parle trop de mes souffrances... »
« Tu ne peux pas me comprendre,
c'est toujours comme ça...! »
« Tu ne m'as jamais aimé, je le sais !
Sinon tu aurais refusé l'amitié de l'autre
qui tente depuis dix ans de nous séparer ! »
« C'est impossible de vivre avec toi,
il y a toujours quelque chose qui t'agace,
tu n'es jamais content de ce que j'entreprends
pour nous ! »
« Chaque fois que je te demande quelque chose,
tu n'as pas le temps ! »
« Arrête de me crier dessus ! »

La position de victime malheureuse, mal-aimée, incomprise, offre semble-t-il de nombreux bénéfices secondaires, car elle est fréquemment adoptée par ceux qui pensent obtenir en la pratiquant attentions, soins et marques d'amour. Mais ces conduites de victimisation associées à une dynamique de la plainte vont donner le sentiment, à celui, plein de compassion, qui tente de les soulager ou d'aider, qu'il est en échec permanent, qu'il n'y arrivera jamais.
Un des enjeux cachés de la victime conjugale est de mettre l'aidant ou le partenaire en échec, de rendre impuissant celui qui prétendrait... la déposséder de sa plainte.
La victimisation suscite une culture parallèle de l'assistanat et du développement de la dépendance !

« Pourquoi dois-je me confondre en excuses ? C'est lui qui se comporte comme un idiot, pas moi. Je sais très

bien qu'il n'aime pas ma famille. Je n'arrête pas de me poser la question de ce qu'il éprouve encore comme sentiments pour moi quand il me dit qu'il veut nous aider ?! De toute façon ça ne sert plus à rien, il n'écoute jamais ce qu'on lui dit. »

SP

La fixation paranoïde de celui « qui en veut au monde entier »

« Cette concierge qui prétend m'aider en me montant le courrier en profite pour vérifier qui m'a écrit. Je suis persuadé que c'est ton idée, que ça vient de toi ! »

« Même si je dois aller en prison, je préfère mettre le feu à sa maison que de laisser passer une telle insulte... »

« C'est à cause d'eux que tu pars, ils t'ont mis dans la tête que je ne te mérite pas ! Je veux plus les voir, cette bande de crétins ! »

« Je n'y arrive plus, c'est trop difficile, ils ne veulent rien entendre de moi, j'étais toujours mis à part non seulement dans cette boîte, par mes parents aussi. Et maintenant, c'est à ton tour de m'abandonner après tout ce que j'ai fait pour toi ! »

Elle touche celui qui, se sentant persécuté (mal aimé – jugé – rejeté), se transforme alors en persécuteur, développant agressivité, violence, refus, sabotages relationnels. Une souffrance inouïe peut être engrangée par une telle modalité. Elle constitue, à notre avis, un des sommets de l'autoviolence. Tout se passe comme si aveuglement, surdité, perte de sens critique entraînaient la personne à cultiver de la souffrance en entretenant méfiance, doutes et sentiment permanent d'être menacé, ce qui favorise une sorte d'autodestruction et une destruction latente de la relation de couple.
Toute marque d'intérêt, toute attention ou tout mouvement vers cette personne peuvent être perçus comme une menace, la vie devient pour elle un enfer permanent.

« Notre relation a commencé à battre de l'aile quand Tom a été licencié. J'ai tenté de lui trouver un autre

job grâce aux relations que j'avais. J'ai pris sur moi ses "logorrhées" menaçantes, son agressivité sur nos enfants, son manque d'affection. Toute bonne intention de ma part était rejetée ; toute tentative d'approche sentimentale était vue avec soupçon ou comme une intention malsaine. Quand ses vrais coups sont arrivés, quand mon corps est devenu la cible de ses frustrations, c'était déjà trop tard pour récupérer notre vie de couple !»

HN

Préférer l'abandonnisme

« Tu n'es pas le premier à essayer…
Personne n'a voulu vivre avec moi ! »
« Je sais que notre histoire prendra fin
un jour ou l'autre, c'est toujours comme ça en amour !
Tu ne peux pas faire grand-chose pour moi ! »
« Je ne mérite pas tes marques d'intérêt !
Depuis toute petite mes parents n'ont pas voulu
de moi, et aujourd'hui, mon mari non plus ! »
« Que trouves-tu d'intéressant à rester près de moi…
Tous m'ont quittée quand moi je me suis attachée
à eux ?! »

L'abandonnique est un « mal-aimé professionnel » (car cela suppose de véritables techniques pour décourager toute tentative d'amour naissant). Il n'offre aucune chance à celui ou à celle qui ose lui manifester le moindre signe de sympathie ou d'affection. La souffrance est réelle chez l'abandonnique, car il recherche sans cesse la vérification de son état. Il va ainsi mettre en place toute une succession de stratégies pour faire la preuve qu'il sera abandonné, car inintéressant et incapable de retenir l'intérêt ou l'attention de quelqu'un.
Il se vivra comme incapable d'être « réellement aimé ! » par un aimant potentiel.

« Je l'ai rencontré lors d'un colloque professionnel. Bel homme, souriant, il m'a paru sympa, et j'ai apprécié la confiance qu'il avait en lui. Le poste de directeur financier qu'il occupait me réconfortait. J'avais besoin de me sentir rassurée. Si l'initiative de notre relation lui appartient, la mise en garde que j'ai reçue de sa part lui appartient aussi : "Avec moi tu dois avoir beaucoup de patience, car je viens de loin, et personne n'a réussi encore à m'apprivoiser !" Cette relation a duré seulement

trois ans. Heureusement, car trois ans de souffrances, de doutes, de va-et-vient sentimentaux, d'abus de confiance, pour terminer par des menaces, des violences verbales et un harcèlement qui a provoqué un enchaînement de somatisations dans mon corps de femme. S'il excellait dans le domaine professionnel, sur le plan personnel il manquait beaucoup de confiance, beaucoup d'estime et de respect pour sa propre personne. "Personne ne me comprend!" J'ai senti un échec à chaque tentative d'approche. Je l'ai vu dans l'agressivité avec ses deux enfants, par manque d'affection de leur part. J'ai entendu ses doutes quand il me parlait de ses amis qui prenaient de la distance avec lui. Ses revers de personnalité se déversaient continuellement dans ses relations proches. J'ai moi-même perdu la confiance en moi, et dans mon désir d'aimer un jour un homme.»

GB

Dans le système relationnel qui est le nôtre en Occident, l'autoviolence est un mode de relation à soi-même plus répandu qu'on ne l'imagine, car suscité et entretenu par des dominantes éducatives à base de menaces, sanctions, culpabilisations ou maintien des rapports de forces dominant/dominé.

L'autoviolence constitue la base et le réservoir inépuisable de beaucoup de tensions. Elle suscite une telle déperdition d'énergie qu'elle entraîne beaucoup de somatisations et de passages à l'acte somatiques tels que des accidents, des conduites d'échec ou des positionnements de vie négatifs.

Un apprentissage des relations humaines plus ouvert sur le respect de soi et un travail de conscientisation permettraient de diminuer considérablement l'autoviolence et ouvriraient la porte à des relations plus chargées de bien-être et porteuses de créativité et d'épanouissement.

Les obstacles à l'issue de la violence

Les obstacles nous privent d'une naissance à soi-même dans les tumultes de nos vécus.
Beaucoup de personnes vivent dans une misère psychologique assez grande, dans un état de privation affective assez important. Comment serait-il possible de s'autoriser à moins se priver, d'accepter de plus oser... pour soi ? Oser parler, oser se dire, oser dévoiler et, pourquoi pas, oser rendre, car le corps n'oublie pas ?

C'est vrai qu'il y a des obstacles pour sortir de la souffrance.
Obstacles qui font violence.

Obstacles faits de croyances et surtout de peurs.
Peurs qui engendrent des censures et des interdits.
Peurs qui créent aussi des dettes et des culpabilités.

Dans le cas de la violence conjugale, l'obstacle qui s'« impose » et qui est souvent « imposé » est celui du : « Silence ! ».

Combien de fois les partenaires n'osent pas parler de leur intimité, n'osent pas exprimer leur souffrance d'être ignorés dans leurs ressentis, n'osent pas mettre des mots sur leurs désirs à partager, restant clôturés dans les non-dits par « peur de... ». Et, en bout de course, pour certaines personnes, la seule issue est celle du passage à l'acte (suicide ou homicide). Il sera donc vital d'oser briser le silence. D'oser se réapproprier le respect de soi-même.

Ce qu'il faut savoir, c'est que, pas plus que les sentiments, les peurs et toute autre émotion ne se contrôlent pas. Ce qui peut nous aider est de nous interroger sur le sens donné à ces peurs, décrypter leur langage. Un langage ancien dans notre construction de l'être, un langage qui tente de dire, de montrer l'indicible, d'exprimer l'insupportable ou d'identifier les blessures et les situations inachevées de notre histoire infantile.

Au-delà des enthousiasmes, des émerveillements, des éblouissements de l'amour et de toutes les croyances sur nos sentiments ou ceux de l'autre, il y a l'usure, les maladresses, les incompréhensions, les malentendus, les pièges de l'incommunication et les regrets de ne pas avoir vu, de ne pas avoir entendu, de ne pas avoir osé... cet excès d'être de passion qui aura réparé bien des blessures !

Énoncer quelques-uns de ces obstacles aidera à mieux les (re)connaître, les affronter et surtout les dépasser.

La peur du manque

« Je veux bien le quitter, mais comment vivre sans son argent ? Il m'a toujours interdit de travailler pour m'occuper de lui... et aujourd'hui je n'ai rien à moi ! »

« Il trouvait toujours un moyen pour me faire accepter ses avances... Après nos huit ans de vie commune, femme à la maison et mère de nos enfants, il me réclame de tout lui rembourser si j'ose le quitter ! »

« J'ai nulle part où aller ! Et puis, je ne peux pas me permettre de vivre seule, sans ressources ! Il m'a déjà tout pris... les enfants, les amis, et il m'a éloignée de mes parents en disant qu'ils sont de trop dans le couple ! »

« Il m'a façonnée à sa manière : ... tu as des goûts de luxe, tu ne pourras jamais vivre sans moi ! Et j'ai peur de me retrouver sans argent ! Je ne peux pas renoncer à ce que nous avons construit. »

La façon de gérer l'argent en dit souvent long sur le degré de confiance qui règne dans un couple. L'argent prend une signification affective et symbolique énorme. La dépendance matérielle et financière constitue souvent un important handicap à l'autonomie de la femme. La peur de se retrouver sans ressources pour subvenir à ses besoins peut agir comme un frein à la décision de quitter le conjoint.

Souvent l'auteur de la violence, grâce à son emprise, éloigne la victime de ses proches, de sa famille. Isolée, sans aucune personne autour pour lui venir en aide, elle se voit dans la difficulté de pouvoir prendre une décision, de pouvoir se respecter suffisamment et quitter son partenaire.

Rester dans le manque et en faire un point de fixation suscite plus souvent frustration et angoisse, revendication et colère, violence et autoviolence. C'est important de reconnaître le besoin qui est derrière le manque !

« Je n'ai pas travaillé hors de notre maison depuis la naissance de nos enfants. Ma reconversion professionnelle est nécessaire aujourd'hui pour que je puisse m'en sortir si je décide de quitter Victor. Comment puis-je vivre autrement ? Prendre un conseiller juridique pour m'aider à calculer ce à quoi je dois prétendre, j'ai très peur. Victor a toujours vérifié mes dépenses, sans les interdire. Il risque de découvrir... S'il apprend ma décision de le quitter, ma vie sera transformée d'un jour à l'autre en un enfer. Il se battrait jusqu'au bout pour réduire au maximum ma pension et la part de biens qui me reviendrait ! Il est avocat, donc un adversaire redoutable dans cette éventuelle démarche ! »

CC

La crainte du regard d'autrui

« Qu'est-ce qu'ils vont penser de moi, de lui…
si je me laisse aller à exprimer mes souffrances. »
« Mes parents sont toujours ensemble depuis
plus de cinquante ans. Ils ont bien tenu la route.
Ils vont être malheureux, ils vont se fâcher avec moi
si je leur apprends ma décision de divorcer !
Je sais d'avance qu'ils vont me traiter d'irresponsable
en ce qui concerne l'avenir de mes enfants. »
« Tu es folle de vouloir quitter un homme pareil
– il te donne tout, vous avez tout pour être heureux ! »
« La seule idée d'une altercation au sujet de sa jalousie,
de parler à ses parents, me rend malade.
Comment m'y prendre pour annoncer ouvertement
notre éventuel divorce ? »
« Je suis une femme respectée dans la société.
Il m'est impossible de quitter cet homme,
je me suis engagée à lui rester fidèle pour la vie.
J'ai toujours honoré mes engagements. »

Les réactions de la famille et des amis peuvent s'étendre sur toute la gamme des mises en garde, depuis une certaine forme de soutien jusqu'à la condamnation absolue. La crainte du regard qui risque de nous juger, de nous étiqueter ou de nous enfermer dans un diagnostic, reste souvent fortement ancrée en nous. La bonne image que l'on veut se donner à soi-même, ou au monde, nous entraîne parfois dans une double vie. Elle nous fait passer à côté d'une infinité de possibles.
Un fort sentiment de honte et de perte d'estime de soi s'y ajoute. Dans ces conditions la victime se voit contrainte à beaucoup d'efforts pour oser demander une aide.

« Cela étant vécu comme un acte préjudiciable pour notre amitié, en toute connaissance de cause de ma situation de couple, de nos violentes disputes – le divorce et surtout le fait de quitter le domicile familial –, ma plus proche amie a pris la décision de s'éloigner de moi (dans tous les sens du terme). C'est à ce moment que j'ai enfin pu constater que mes ressentis, mes peines, mes souffrances, et par la suite, mes choix de vie m'appartiennent. Les réactions de mes proches seront fondées sur les raisons les plus diverses, les concernant. J'ai arrêté de faire des reproches, et de m'en faire ! D'accepter son choix, et d'en faire le mien ! »

CG

La perception de représailles

« Ne rien entreprendre, garder le silence, peut-être ça sauvera notre relation... et qu'il changera d'attitude par la suite. »

« Qu'il soit proche ou éloigné de moi par la loi, j'ai la trouille ! »

« Il m'a tellement harcelée qu'aujourd'hui je sais que rien ne l'empêchera de continuer en sachant que je tente de le quitter en emmenant les enfants avec moi ! »

Il n'est pas simple de mettre un terme à des relations intimes.
Deux aspects sont remarquables. Quand il s'agit d'une personne avec un comportement menaçant, agressif ou violent, si la décision de rompre est interprétée comme une trahison par celle-ci, il se peut qu'elle devienne vindicative et manifeste des conduites encore plus agressives. Les menaces de représailles sont très présentes.
En ce qui concerne les liens affectifs, la réalisation de la séparation, même si elle est plus que nécessaire, peut demeurer de l'ordre de l'imaginaire... Le dénouement légal, qui bien souvent semble pénible, peut en réalité se révéler beaucoup plus supportable que le dénouement affectif, car la décision judiciaire met un point final à l'union (tout au moins au regard de la loi !) alors que la rupture définitive des liens affectifs risque d'être plus douloureuse du fait qu'elle exige beaucoup plus de temps.

> *« Je ne me rendais pas compte que j'étais complètement aliénée, que je ne vivais que dans l'attente d'un appel de sa part, avec toujours l'espoir qu'il pourrait s'excuser ou faire un geste qui me ferait basculer et renouer avec lui ! Je vivais avec un double sentiment d'amour et de haine, avec l'espoir et la peur de ce qu'il est capable de faire. »*
>
> NB

L'éloignement des enfants

« Tu veux partir ? À ta guise ! Les enfants et moi sommes très bien ici. »

« Tu as parfaitement le droit de vivre sans qu'on t'embête. Je me charge de la garde de nos enfants. »

« Comme il a su apprivoiser notre fils par des cadeaux innombrables ces dernières années, je crains de m'accorder la garde alternée.
En plus, je ne veux pas le priver de son père. »

« Ce n'est pas parce que je suis malheureuse que j'ai le droit de briser une famille, de faire souffrir nos enfants ! »

« Je supporte de plus en plus mal son comportement colérique qui me déstabilise et me pousse moi-même vers une incroyable agressivité. Je finirai peut-être par le quitter pour de vrai... Mais les enfants sont encore petits. »

Le fardeau de la culpabilité parentale, la peur de l'éloignement et du manque affectif s'alourdissent pour les couples avec des enfants, quand le choix de la séparation est à faire. La présence d'un conseiller juridique, pour mieux connaître ses droits, est indispensable.
Dans certains cas, bien que subissant des violences inouïes, certaines victimes ne peuvent pas envisager de « priver les enfants de leur parent ! »

> *« Victime de violence conjugale de la part de mon époux, j'ai décidé de quitter le domicile conjugal en emmenant avec moi les enfants. Cela a été possible seulement après que j'ai eu respecté un certain nombre de procédures (dépôt de main courante ou plainte à la gendarmerie) et reçu la confirmation. Un temps éprouvant pour nous et lourd à gérer ! Faute de preuves, beaucoup des adultes victimes et leurs enfants continuent à "subir" les "coups" du plus fort ! »*
>
> FG

La peur de la solitude

« J'ai besoin de toi ! »
« Je ne peux pas vivre sans lui ! »
« Je risque de souffrir... si je suis privé, et si je le prive de moi. Qui va s'occuper de lui ? »
« J'ai peur de vivre seule. Je n'ai jamais vécu seule ! J'ai connu mon mari sur les bancs du lycée ! »
« À notre âge il faut penser à la vieillesse. Malgré son caractère, je ne peux pas m'imaginer rester seule pendant ma vieillesse... »

Combien entendons-nous ces mots terrifiants : « J'ai peur de vivre seul(e) ! » qui risquent d'aliéner pour de longues années la personne qui les annonce, et encore plus souvent les deux protagonistes de la relation ! La hantise de la solitude et la peur de ne pas être capable de la supporter et de la surmonter créent un état de dépendance terrible. Cette crainte veut être conjurée à tout prix. Inclus celui de soumettre le partenaire, de le dissuader de nous délaisser en le dépossédant de la confiance en lui-même, en le rendant irresponsable de ses actes !
N'oublions pas que cette peur est liée à la blessure de l'abandon qui existe en chacun d'entre nous (le premier acte d'abandon vécu est celui de notre « mise au monde » lorsque nous avons quitté le ventre de notre génitrice !). Le mot *abandon* est suspect et ambigu. La blessure du lien s'inscrit en nous le plus durablement.
Dans ces deux dynamiques : mettre ses besoins existentiels aux bons soins de l'autre, ou vouloir prendre en charge les besoins de l'autre, la situation du couple se dégrade en arrivant à une dépendance mortifère d'une violence accrue. Il y a la souffrance terrible de l'attente... d'un mouvement de l'autre vers soi, une solitude épuisante, désespérante, d'être seul(e) à attendre un mouvement de l'autre vers soi, d'avoir un désir.

« Je me suis accrochée à cette illusion qu'il est l'homme de ma vie, que sans lui je ne pourrais pas exister ! Jusqu'au jour où un autre homme, gai et libre d'esprit, est entré dans ma vie de femme et m'a fait découvrir la joie cachée, le merveilleux qui est en moi ! J'ai quitté définitivement et sans aucun regret mon mari ! »

FI

Le mythe de la réciprocité

« Puisque j'ai fait cela pour lui,
j'attends qu'il change,
qu'il puisse me respecter... »
« Nous nous sommes juré de rester ensemble
pour le meilleur et pour le pire...
Faire tout pour l'autre, s'entraider l'un et l'autre
dans toute situation que traverse notre couple... ! »
« Il a déjà vécu ça avec son ex-femme
qui l'accusait d'être agressif.
Avec moi, il est différent.
Une fois la colère passée,
il est tout plein d'attentions. »
« Je lui dois ma présence, il m'a beaucoup
soutenue quand j'avais besoin ! »
« Mon partenaire m'aime, et je sais qu'il fera
n'importe quoi pour me garder.
C'est seulement un passage... »

La réciprocité se vit de façon dissemblable à cause justement de sensibilités, d'histoires personnelles différentes... Souhaiter la réciprocité, c'est attendre que l'autre ait les mêmes espérances que soi.
Cette recherche d'une réciprocité semblable mène à de grandes déceptions, d'autant plus quand il s'agit de l'ordre des sentiments. Le mythe de la réciprocité semblable se complique encore avec l'enchevêtrement du donner et du recevoir. Il introduit le sentiment de « l'obligation de rendre » et la notion d'un dû. Les pièges sont infinis, car ce qui est dû ne peut être ni donné ni offert – on ne peut que s'en acquitter ou le prendre... avec la force !

> *« Notre vie conjugale n'a été qu'une alternance de querelles et de réconciliations, d'orages et de rayons de soleil. En fait, les repentirs de ce genre sont en*

eux-mêmes de puissants motifs d'inertie. J'avais la conviction qu'un jour, au nom de notre amour réciproque, il allait changer. Je nourrissais en moi un espoir fervent que quelque chose se produise... Sans savoir, je lui accordais un énorme pouvoir sur moi. À présent, il lui suffit d'une simple saute d'humeur pour me soumettre, en acte et en pensée. »

FR

Le devoir de comprendre

« Avant de prendre une décision, j'ai besoin de comprendre. Il est si amoureux au lit que je n'arrive pas à croire que les choses n'aillent pas entre nous. Nous vivons encore sous le même toit, que je sache ; avec le devoir de tout partager ! »

« Personne ne sait combien il m'est difficile de quitter cet homme sans que je sache ce qui a pu le faire changer autant... »

« Mais pourquoi il ne me dit rien ? Je veux savoir pourquoi je reçois des claques sans aucune raison ? Que s'est-il passé dans toutes ces années pour qu'il me traite ainsi ? Je veux qu'il change, qu'il redevienne lui-même, l'homme que j'aime tant ! »

« Je ne peux pas accepter qu'il soit si différent, qu'il soit même indifférent à nous, à ses enfants. Son comportement est inacceptable. Avant tout, j'attends et j'exige des excuses ! »

La pire des violences relationnelles dans le couple surgit quand il y a une confusion entre la personne et la perception que nous avons d'elle. Quand nous nous apercevons que l'autre en face, le partenaire depuis des années ou seulement depuis quelques mois, ne correspond plus à l'image que nous avions de lui. Il n'est pas comme nous voudrions qu'il soit... Et nous tentons de le changer, ou au moins de lui faire comprendre que nous ne comprenons pas... son attitude.

Nous cultivons parfois durablement une dépendance à l'autre, en tentant de mettre l'autre au service de la satisfaction de nos besoins ou de nos désirs... qu'il nous aime, et qu'il s'excuse pour ses incohérences. Ce qui développe et accroît entre les partenaires une sorte de terrorisme relationnel, un désir impérialiste sur l'autre, terrorisme qui se retourne indirectement contre nous-mêmes !

« Pendant des années, j'ai essayé de comprendre comment cet homme, ex-enfant abandonné par son père, a pu avoir autant d'agressivité en lui à mon égard, la femme qu'il a demandée en mariage ! Après chaque dispute, j'ai exigé des excuses. Aujourd'hui, ses excuses ne servent plus à rien. C'est devenu quelque chose d'habituel, un geste entré dans les mœurs : il me fait automatiquement des excuses et des déclarations d'amour, après m'avoir frappée ! »

CJ

Les propositions possibles pour éviter d'entretenir le cycle de la violence conjugale

Pour accompagner vers la mouvance du OSEZ, sans s'attarder sur les expériences longtemps douloureuses qui s'inscrivent au plus profond de celui qui les vit, ces propositions s'adressent aux victimes des violences conjugales (VVC).

Il n'y a pas de propositions à formuler pour des auteurs responsables de violence conjugale (RVC), sachant qu'ils préservent leurs ressources personnelles pour qu'elles soient inépuisables, et que leur imaginaire est débordant de créativité.

Il ne s'agit pas d'un rejet, nous avons dit précédemment l'essentiel les concernant. Seulement, le souhait de ne pas alimenter leur fonctionnement par des conseils qui pourraient être détournés à leur profit.

- **Accepter de porter plainte** lors de la première manifestation de violence physique. Il est important de pouvoir relever toute conduite réactionnelle et toute sorte de menace, surtout quand il s'agit de menaces de mort que vous ressentez comme excessives. Dans beaucoup de cas, l'irruption de ce type de comportement est tellement inattendue que la personne se garde de le disqualifier, de le traiter avec une sorte d'ironie ou de le juger, s'appuyant sur la sincérité de ses propres sentiments, sur sa propre fidélité : « *Je ne le crois pas, après tout ce que j'ai fait pour toi...* »

- **Fuir à l'intérieur de soi toute recherche d'alibi** ou de justification au comportement de l'autre qui permettrait de l'excuser. Il s'agit ici d'une deuxième violence que vous vous infligez à vous-même en essayant de vous convaincre de sa non-mauvaise foi.

- **Apprendre à refuser catégoriquement les invitations et les cadeaux** offerts pour se faire pardonner, ainsi que tout autre signe d'attention envers vous après avoir subi une agression conjugale. Il y a souvent des manifestations soudaines et inhabituelles de participation aux soins des enfants, à la tenue de la maison, à la préparation des repas, qui font seulement ajouter un zeste de culpabilité pour tempérer tout ce « bon » qui soudain vous est accordé...

- **Pallier tout argument ou toute pensée qui vous vient à l'esprit pour minimiser, relativiser les conduites réactionnelles**, en acceptant qu'il s'agisse d'un malentendu ou d'une erreur, que vraiment cet homme-là ne peut pas être celui que vous avez connu, aimé, respecté dans une autre période de votre vie, ou qu'il s'agit d'un état temporaire, ou que cela est exceptionnel, que cela ne se renouvellera pas. C'est un travail d'écoute profonde pour entendre le sens à donner à ce qui est vécu, une invitation à se respecter pour surmonter les vagues de nostalgie, rattachées à des souvenirs heureux qui remontent à la surface comme des leurres.

- **Devancer toute possibilité de justification.** Rester dans la croyance que vos indications et vos tentatives d'expliquer au RVC qu'il doit changer de comportement, que ses attitudes vous blessent, qu'il vous fait mal, vont le persuader de vous respecter à l'avenir est utopique car c'est une prouesse qui relève de ses possibilités ! Cela stimulera peut-être davantage son besoin d'affirmation... sur vous.

- **Oublier la hauteur de votre âme disposée à pardonner** les excès et les brutalités comme étant le prix d'un bonheur à venir et qui ne saurait tarder ! Derrière cette pointe d'humour je tente de vous alerter sur la gravité de nos croyances, piégées par des sources si archaïques qu'il sera difficile de provoquer un changement en soi sans un travail personnel.

- **Refuser de prendre la culpabilité sur soi** pour tout type d'attitude que vous avez éventuellement proposée, en la disant provocatrice ou trop directive. S'accuser et s'excuser d'avoir été peut-être maladroite, impertinente, rebelle, ne sera qu'une incitation ouverte à encourager le RVC pour qu'il poursuive ses actions de maltraitance envers vous.

- **Quitter son domicile** et chercher un logement en sécurité et à l'abri du RVC. Toute victime de violences conjugales a le droit de quitter le domicile conjugal ; il est conseillé **de prendre ses enfants avec soi**. La seule précaution à prendre : **déposer une plainte ou une déclaration sous forme de main courante** afin de signaler la cause de ce départ précipité en raison des violences conjugales. Il est souhaitable de demander également l'éloignement de l'auteur responsable des violences et de prendre contact avec un juge aux affaires familiales.

- **Exclure l'enfermement dans la doctrine du spiritisme ou du spirituel** pour approuver son sort. S'en remettre à son karma, entretenir l'idée d'une réparation inévitable d'actes ou de comportements commis dans une vie antérieure, dans laquelle vous auriez été une redoutable Messaline, un bourreau sans pitié ou une représentante de l'Inquisition particulièrement perverse et qu'il est donc juste aujourd'hui que vous ayez à réparer, à payer tout cela avec toutes les avanies que vous vivez… Dans ce schéma de l'ouverture, la porte de la violence trouvera ses adeptes.

Il y a le souhait fort, par les propositions évoquées ci-dessus, d'entendre au-delà des mots ou de certains exemples imaginés le pouvoir que chacun de nous a pour redevenir coauteur de sa vie.

Ouvrir la porte au courage

Un jour, la peur envisage de frapper
à la porte de sa propre peur.
-Qui est là? demanda sa peur.
-C'est ta peur.
Et la porte resta fermée.
La peur resta au-dehors, imaginant
la peur du dedans.

Un autre jour, le courage,
plus courageux que d'habitude,
va frapper à la porte de la peur.
-Qui est là? demanda la peur.
-C'est le courage.
-Entrez, répondit la peur.

Le courage entra
et derrière la porte
il n'y avait personne!

LES BASES D'UNE ÉCOLOGIE RELATIONNELLE

Ce qu'il y a de formidable dans les relations humaines c'est qu'on peut toujours les faire évoluer.

Il est vrai que l'état de survie en période de crise relationnelle secrète davantage de force d'action que de réflexion. Il y a une présence plus palpable d'un terrorisme relationnel fait d'urgences, de colmatage, de récupération. Le déséquilibre qui en découle crée des tensions ou des leurres qui semblent difficiles à dépasser. Les rêves mêmes se dévitalisent, se rétrécissent à la mesure d'un quotidien inquiet. Un état général de souffrance s'installe dans notre intimité violentée.

Il est vrai aussi que face à cet état de violence nous sommes mieux armés que nous ne le croyons. Nous disposons soit pour le réduire, soit pour le contrer, pour l'affronter ou pour le circonscrire, de beaucoup plus de moyens, qui sont des armes efficientes et porteuses de non-violence. Elles ne sont pas toujours reconnues comme telles par celui qui les possède et accepte de les utiliser, mais elles peuvent être d'une efficacité sans pareille et peuvent nous éviter d'avoir recours à la force physique ou même à des armes dites de poing ou à feu !

L'arme non violente la plus répandue, la plus accessible

à chacun, mais pas nécessairement la plus utilisée, est **la parole**. Une parole non réactionnelle, une parole relationnelle, destinée à relier (ce qui ne veut pas dire attacher ou contraindre). Une parole écoutante, entendante des besoins relationnels de l'autre. La puissance d'un mot, la force d'une phrase, le pouvoir d'un échange ou d'une mise en commun étonne toujours et nous confirme l'impact que nous pouvons avoir quand nous rejoignons l'autre dans son ressenti.

Poser les bases d'une écologie relationnelle consiste à faire usage de tout un ensemble de moyens d'expression – paroles, gestes, attitudes, comportements – qui permettront à chaque protagoniste de la relation :

- de se sentir reconnu et accepté dans son unicité,
- d'être confirmé et respecté dans son entièreté,
- de s'affirmer dans le meilleur de ses possibles !

Cela suppose la mise en commun (communiquer) et un usage quotidien de quelques règles d'hygiène relationnelle qui reposent sur le respect et la responsabilisation de chaque participant dans la relation qui les unit. C'est la qualité de la communication (verbale et non verbale) qui nourrira la relation entre les deux partenaires d'un couple, qui amplifiera les rêves éloignés et donnera aux plaisirs partagés l'ampleur d'un désir à renouveler.

Quelques règles d'hygiène relationnelle pour mieux vivre en couple...

Il s'agit là de quelques balises qui devraient permettre, et nous permettre si l'on vit en couple, d'éviter de nombreux pièges et de ne pas entretenir des malentendus ou des conflits qui usent, qui stérilisent à la longue la relation.

Ces concepts s'adressent à :

- toute personne qui a le désir de construire une relation harmonieuse, en santé, dans la durabilité ;
- ceux qui souhaitent ne pas violenter une relation qui, au départ, était importante pour chacun des partenaires et qui était surtout porteuse d'un projet de vie à long terme ;
- chaque personne qui souhaite « réinventer » son couple, en prenant le risque de se respecter soi, y compris en laissant à l'autre le soin de faire lui-même quelque chose pour ses propres comportements.

Exister suppose aussi, d'une certaine manière, prendre le risque de se séparer d'autrui en se différenciant !

- **Prendre conscience du fait qu'une relation a toujours deux bouts.** Notre responsabilité d'adulte est de nous respecter à notre propre bout en renonçant à prendre en charge le bout de l'autre. Même si nous avons été élevés par des parents ou un entourage qui prenaient sans cesse en charge notre propre bout (en parlant sur nous, en nous définissant, en pensant à notre place) à partir de leurs désirs, de leurs attentes ou de leurs peurs, il est possible de se différencier, de se positionner et de s'affirmer en se confrontant plutôt qu'en s'affrontant.

- **Se rappeler que toute relation intime s'organise autour de deux fidélités :** fidélité à l'autre et fidélité à soi. Que la fidélité à soi est au cœur même de la fidélité à l'autre et non l'inverse. Quand vous sentez que vous n'êtes plus fidèle à vous-même en voulant rester fidèle à l'autre, interrogez-vous sur la mission que vous vous êtes donnée. Et tentez de répondre à la question : *« Mais à qui je ferais de la peine, si j'étais heureuse ? »*

- **Veiller à ne pas laisser l'autre parler sur vous** et prendre (en réciprocité) l'engagement de ne pas parler sur l'autre, mais plutôt à l'autre (ce qui vous permettra de parler de vous).

- **Apprendre à ne pas confondre besoin et désir**, en se rappelant que le besoin est toujours prioritaire à long terme sur le désir, même si celui-ci paraît plus agréable et doué de plus de dynamisme pour rechercher sa satisfaction.

- Ne pas oublier qu'une relation vivante, créative et en santé nécessite une **harmonie entre quatre démarches : pouvoir demander, donner, recevoir et refuser**. Que toute hypertrophie ou hypotrophie de l'un ou l'autre de ces points altère, déséquilibre, maltraite ou blesse la relation.

- **Ne pas confondre la personne et le comportement.** Il vous appartient de vous prononcer sans ambiguïté vis-à-vis de ces deux points : *« Quand je t'ai épousé je n'ai pas décidé ni envisagé de vivre à trois : toi, ta violence et moi… »*

- **Ne pas entretenir de confusion entre sentiment et relation.** Il est possible d'aimer (ou de se sentir aimé) et de ne pas accepter la relation que l'autre nous propose. Ce n'est pas en ajoutant de l'amour à la relation qu'on l'améliore, mais c'est en respectant certaines règles d'hygiène relationnelle qu'on maintient une relation vivante.

- **Apprendre à se respecter** en refusant de l'autre ce qui n'est pas bon pour nous.

- Au-delà des sentiments et de votre propre besoin d'être aimé, **il vous appartient de respecter vos besoins relationnels**. C'est le plus souvent dans la vie de couple, dans la vie familiale, dans la vie relationnelle avec des proches que nos besoins demandent à être entendus et comblés. S'ils ne le sont pas dans ces trois domaines, nous sommes vulnérabilisés et en souffrance.

Les présenter ici permettra au moins de les reconnaître... en soi :
- besoin de se dire : avec mes mots à moi ;
- besoin d'être entendu : dans les registres qui sont prioritaires pour moi ;
- besoin d'être reconnu : tel que je suis ;
- besoin d'être valorisé : avoir le sentiment que ce que je dis et ce que je fais a une valeur ;
- besoin d'exercer une influence sur mon environnement : de sentir que ce que je dis, ce que je fais a du poids et peut être pris en compte par l'autre ;
- besoin d'intimité : au-delà du territoire commun, j'ai besoin d'un territoire personnalisé, qui ne soit pas envahi par mes proches ainsi que d'un temps qui n'appartienne qu'à moi, sur lequel je n'ai pas de comptes à rendre...

- **Prendre le risque de se définir,** sinon c'est prendre un risque plus risqué... celui d'être défini par l'autre. Il le fera d'autant plus facilement que vous ne vous positionnerez pas.

- **Une relation vivante** et en santé dans la durée **est une relation dans laquelle il y a une alternance des**

positions d'influence (je dois pouvoir sentir que je peux influencer les choix, les décisions qui concernent notre relation, que ce n'est pas toujours le même qui impose son point de vue, qui me soumet à ses attentes ou qui me dicte comment je dois être…).

- Ne jamais oublier que **derrière toute peur, il y a un désir**. Si vous vous sentez habité par des peurs, vous pouvez tenter d'entendre quels désirs elles cachent et vous appuyer dessus. Le désir est plus dynamique que la peur. Mais peut-être que vous aurez à prendre ainsi le risque de découvrir que votre désir vous fait… encore plus peur !

LE MOT DE LA FIN, de Jacques Salomé

La pire des privations c'est de ne pas savoir découvrir et utiliser le meilleur de nous-mêmes.
La pire des pauvretés n'est pas dans ce qui nous manque, mais dans l'ignorance de tout ce que nous avons.

Il n'y a rien de plus merveilleux et soutenant qu'une relation intime avec quelqu'un de proche et de suffisamment fiable pour nous permettre de nous abandonner en toute confiance, ce qui nous incite à lui offrir le meilleur de nous-mêmes et à rencontrer ainsi le meilleur de lui.

Je crois encore aux forces de l'amour...

Je sais qu'il est rassurant pour certains, ou de bon ton pour d'autres, d'opposer forces du bien et forces du mal. Et certains hommes politiques, pour des enjeux masqués qui leur appartiennent, jouent sur cette opposition, pensant mobiliser autour des forces du bien des ressources pour combattre ce qui serait reconnu comme étant les forces du mal, avec tout ce que ce clivage comporte d'ambiguïtés et de manipulations possibles.

Je préfère pour ma part parler de forces d'amour et de forces de destruction, même si je sais, comme le soulignait ma grand-mère, *« qu'un seul jour de guerre laisse plus de traces dans le paysage que cent ans de paix »*. Je garde une confiance, un enthousiasme pour un ancrage toujours plus grand vers les forces d'amour qui sont aussi des forces de paix, d'harmonie et de sagesse. Un seul geste de toute-puissance destructrice, et voilà des années de vie patiente et généreuse abolies, voilà tout un « cercle relationnel » détruit, toute cette somme de travail et d'équilibre, de soins et de persévérance anéantie pour longtemps. La violence est souvent réactionnelle, elle se donne régulièrement (par ceux qui veulent la justifier) l'alibi d'être réparatrice ou punitive, mais elle est surtout un langage trouble, celui du désespoir. Et encore, elle est le plus souvent un langage troublant, celui d'un non-amour de soi, de cet amour qui est l'humus de l'estime de soi, de la confiance en soi et par là même de la confiance en les autres.

La violence d'aujourd'hui peut s'appuyer sur des moyens considérables, extrêmement sophistiqués. Elle a à sa disposition une technologie de pointe très efficace, et elle fait « feu de tout bois » ! Elle s'exerce dans tous les domaines, parfois de façon manifeste et spectaculaire dans la vie sociale et publique, mais aussi, peut-être, avec plus de capacité de destruction encore, dans la vie intime. Personne n'est à l'abri. Qui répand les rumeurs qui vont assassiner une réputation ? Qui dépose sur la vie intime d'une personne des jugements de valeur, des affirmations sans fondements, des mensonges qui sont présentés comme des vérités ou des évidences par le seul fait qu'on les énonce ? Qui utilise la menace, le chantage, la calomnie pour atteindre au cœur, pour blesser la vie familiale, conjugale d'une femme, d'un homme dans son existence la plus intime ? J'aurais envie de répondre : tout un chœur, oui, potentiellement tout un chacun. Chacun peut un jour s'autoriser à détruire quelque chose ou quelqu'un. Chacun dispose de ce pouvoir-là et a ainsi la possibilité d'expérimenter, la puissance de sa négativité. Et quand le processus est enclenché, en face, chez eux qui reçoivent ou subissent cette violence, il faut pour l'affronter, au-delà de l'amour, beaucoup de courage, de cohérence, d'énergie, de consistance, et le soutien considérable d'un cercle d'amis solidaires, des personnes solides.

Nous assistons aujourd'hui, au-delà de la crise financière et économique qui nous fait violence – une violence subtile et maligne –, à une révolution fortement engagée, animée par les femmes, qui ont le courage et la détermination depuis quelques décennies de s'affirmer, de mieux se respecter, de se positionner comme des partenaires à part entière dans le monde du travail et dans celui de la vie publique, comme dans la vie intime.

C'est vrai qu'il y a des remises en cause dérangeantes, des interpellations déstabilisantes, des affirmations et des propositions de vie qui bouleversent les schémas traditionnels. Les femmes ne sont plus comme le disait le poète Aragon « l'avenir de l'homme », elles sont « le présent de l'homme », dans tous les sens du terme. Elles « in-carnent » la vie humaine !

Elles obligent les hommes à se confronter à quelques-unes de leurs carences sur les plans émotionnel, affectif, relationnel et certainement (même si c'est occulté) sur le plan sexuel. Il y a une mouvance qui pousse à nous responsabiliser davantage pour le respect de la Vie sous toutes ses formes. Il y a cette puissance de l'amour !

La tendresse et l'amour
sont les seules richesses au monde
qui s'agrandissent
quand elles se partagent.

COORDONNÉES UTILES

- La plateforme gouvernementale informe sur les droits et les devoirs en cas de violence conjugale : https://www.service-public.fr/particuliers/vosdroits/F12544

- Centre d'information sur les droits des femmes et des familles (CIDFF) – Réseau d'associations délivrant des informations juridiques gratuites : www.infofemmes.com

- Les policiers et gendarmes s'appuient sur un réseau d'associations et de professionnels formés à la lutte contre les violences sexuelles et sexistes afin de proposer un accompagnement adapté. Nouveau portail de signalement en ligne des violences sexuelles et sexistes : https://www.interieur.gouv.fr/Actualites/L-actu-du-Ministere/Signalement-des-violences-sexuelles-et-sexistes

Numéros de téléphone

- Pour appeler en urgence la police ou la gendarmerie en France, il faut composer le 17.

Pour toute autre situation, s'adresser à :

- Police secours : 17
- Numéro d'urgence européen : 112 (numéro d'urgence à utiliser pour un appel depuis un pays européen ou depuis un téléphone mobile 24 h/24 h et 7 j/7)
- Appels internationaux : 112
- Violences femmes info : 3919
- Numéro d'aide aux victimes : 116 006 (appel gratuit). Écoute, informe et conseille les victimes d'infractions ainsi que leurs proches.

Table des matières

Du même auteur

- *Parle-moi... j'ai des choses à te dire*, Éd. de l'Homme, 1982
- *Apprivoiser la tendresse*, Éd. Jouvence, 1988
- *Les mémoires de l'oubli*, Éd. Albin Michel, 1989
- *Je m'appelle toi*, Éd. Albin Michel, 1990
- *Si je m'écoutais, je m'entendrais*, Éd. de l'Homme, 1990
- *T'es toi quand tu parles*, Éd. Albin Michel, 1991
- *Aimer et se le dire*, Éd. de l'Homme, 1993
- *Heureux qui communique*, Éd. Albin Michel, 1993
- *Charte de vie relationnelle à l'école*, Éd. Albin Michel, 1995
- *Jamais seuls ensemble*, Éd. de l'Homme, 1995
- *En amour l'avenir vient de loin*, Éd. Albin Michel, 1996
- *Pour ne plus vivre sur la planète TAIRE*, Éd. Albin Michel, 1997
- *Tous les matins de l'amour... ont un soir*, Éd. Albin Michel, 1997
- *Oser travailler heureux*, Éd. Albin Michel, 2000
- *Formation à l'entretien et relation d'aide*, Éd. Septentrion, 2000
- *Lettres à l'intime de soi*, Éd. Albin Michel, 2001
- *Je t'appelle tendresse*, Éd. Albin Michel, 2002
- *Vivre avec les autres*, Éd. de l'Homme, 2002
- *Vivre avec les miens*, Éd. de l'Homme, 2003
- *Vivre avec soi*, Éd. de l'Homme, 2003
- *Je croyais qu'il suffisait de t'aimer*, Éd. Albin Michel, 2003
- *Passeur de vie*, Éd. Dervy, 2003
- *Minuscules aperçus sur la difficulté d'enseigner*, Éd. Albin Michel, 2004
- *Dis, papa l'amour c'est quoi ?*, Éd. Albin Michel, 2004
- *Une vie à se dire*, Éd. de l'Homme, 2004
- *Minuscules aperçus sur la difficulté de soigner*, Éd. Albin Michel, 2004
- *N'oublie pas l'éternité*, Éd. Albin Michel, 2005
- *Paroles de rêves, illustré par 50 photos de Vincent Tasso*, Éd. Albin Michel, 2005
- *Pensées tendres à respirer au quotidien, avec 40 calligraphies de Lassaad Metoui*, Éd. Albin Michel, 2006

- *Et si nous inventions notre vie ?*, Éd. du Relié, 2006
- *Pourquoi est-il si difficile d'être heureux ?*, Éd. Albin Michel, 2007
- *Contes d'errances, contes d'espérances*, Éd. Albin Michel, 2007
- *À qui ferais-je de la peine si j'étais moi-même ?*, Éd. de l'Homme, 2008
- *Aimer c'est plus que vivre, Calligraphies de Lassaad Metoi*, Éd. Tredaniel, 2008
- *Contes à s'aimer, contes à aimer*, Éd. Albin Michel, 2009
- *Contes à guérir, contes à grandir*, Éd. Albin Michel, 2009
- *Je viens de toutes mes enfances*, Éd. Albin Michel, 2009
- *Manuel de survie dans le monde du travail*, Éd. du Relié, 2010
- *Contes pour grandir de l'intérieur*, Éd. Albin Michel Jeunesse, 2010
- *Aimer l'amour, illustré par 60 calligraphies de Lassaad Metoi*, Éd. Tredaniel, 2010
- *L'effet source*, Éd. de l'Homme, 2011
- *Petit cahier d'exercices pour apprendre à s'aimer...et à être aimé(e)*, Éd. Jouvence, 2012
- *La ferveur de vivre*, Éd. Albin Michel, 2012
- *Voyage aux pays de l'amour*, Éd. de l'Homme, 2013
- *Contes de petits riens et de tous les possibles*, Éd. Albin Michel, 2014
- *Le courage d'être soi, coffret avec CD*, Éd. du Relié
- *J'ai encore quelques certitudes*, Éd. Albin Michel, 2015
- *Des choses à vous dire*, Éd. de l'Homme, 2016
- *Un zeste d'éternité*, Éd. de l'Homme, 2017
- *Un chemin de vie. Les actes symboliques dans la construction de soi*, Éd. Albin Michel, 2018
- *L'enfant Bouddha, illustrations* Cosey, Éd. du Relié, 2019
- *Le jeu du regard fertile*, Jacques Salomé, 2019
- *Contes pour d'aimer*, Éd. Albin Michel Jeunesse, 2020

Rentrez en contact
avec l'œuvre de Jacques Salomé
sur son site
www.j-salome.com